Mon Premier Larousse des C'EST QUI ?

ILLUSTRATIONS

Benjamin **Bachelier**
Magali **Bardos**
Christophe **Blain**
Manu **Boisteau**
Aurélien **Débat**
Vincent **Desplanche**
Claire **de Gastold**
Aurélie **Guillerey**
Nicolas **Hubesch**
Amélie **Jackowski**
Heidi **Jacquemoud**
Alban **Marilleau**
Didier **Millotte**
Sébastien **Mourrain**
Clément **Oubrerie**
Clémence **Paldacci**
Pronto

Rédaction : Laure **Cambournac**

Direction artistique : Frédéric **Houssin** & Cédric **Ramadier**
Conception graphique & réalisation : **DOUBLE**

Direction éditoriale : Françoise **Vibert-Guigue**
Édition : Brigitte **Bouhet**
Direction de la publication : Isabelle **Jeuge-Maynart**
Lecture-correction : Françoise **Mousnier**
Fabrication : Nicolas **Perrier**

ISBN 978-2-03-585251-9 • Imprimé en Espagne par Graficas Estella • Photogravure : FAP
Conforme à la loi n° 49956 du 16 juillet 1949 sur les publications destinées à la jeunesse.
304136-02/11015856 - mai 2011

Mon Premier Larousse des C'EST QUI ?

LAROUSSE
JEUNESSE

SOMMAIRE

Pourquoi les vampires ne sortent-ils que la nuit?

Pourquoi les sirènes sont-elles si belles?

Comment font les sorciers pour jeter des sorts?

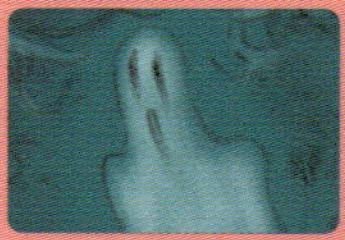

Les fantômes font-ils tous peur?

Est-ce qu'il n'existe qu'un seul diable?

Quelle est la différence entre un géant et un ogre?

Les Princes Charmants sont-ils toujours beaux ?

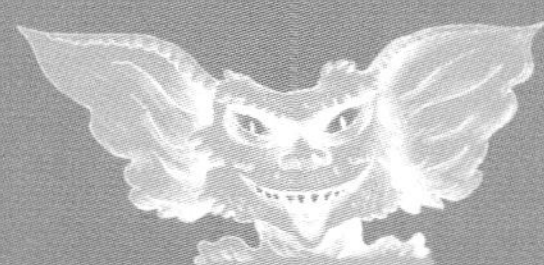

Qui sont les personnages surnaturels et imaginaires ?

Questions 1 à 55

Qui sont les anges ?

S'ils n'avaient pas ces grandes ailes, on croirait que ce sont des humains ! Pourtant, ce sont des êtres surnaturels. Dans certaines religions, ils font le lien entre le ciel et la Terre.

1

À quoi servent-ils ?

➽ Les anges ont des missions différentes : ils annoncent aux humains de grands événements, ils les protègent, ils transmettent à Dieu leurs prières, ils accompagnent les morts au ciel… Finalement, croire qu'ils existent, c'est très rassurant !

2

Pourquoi ont-ils des ailes ?

➽ C'est une idée des peintres et des sculpteurs pour que les gens comprennent bien leur rôle de messagers volants entre Dieu et les hommes. D'ailleurs le mot « ange » vient d'un mot grec qui veut dire messager.

3

Est-ce qu'il y en a beaucoup dans le ciel ?

➽ On ne sait pas exactement, des millions peut-être ! Les chérubins et les séraphins, qui sont les plus nombreux, restent toujours près de Dieu. Certains sont plus connus que d'autres, comme les archanges Michel, Gabriel et Raphaël.

Est-ce qu'ils se ressemblent tous ? 4

➽ Les artistes chrétiens les représentent avec une ou plusieurs paires d'ailes, une robe blanche symbole de pureté, des cheveux « d'ange » et une auréole de lumière au-dessus de la tête.

Y a-t-il des anges dans toutes les religions ? 5

➽ Les livres saints des trois grandes religions (judaïsme, christianisme, islam) parlent des anges. Dans la Bible, l'archange Gabriel annonce des prophéties, dans l'Évangile, il annonce la naissance de Jésus à Marie, dans le Coran, il s'appelle Jibril.

Portraits

L'archange Michel
C'est un ange protecteur. On le représente gagnant son combat contre un dragon, symbole du mal.

L'archange Raphaël
On prie cet ange guérisseur quand on est malade et quand on voyage.

Le sais-tu ?
Pour les croyants, chaque être humain a son « ange gardien », une sorte de jumeau ou d'ami invisible l'accompagne depuis sa naissance jusqu'à sa mort pour le protéger, le rassurer, le guider en lui montrant le droit chemin…

Qui sont les diables et les démons?

Les chrétiens disent qu'un diable, c'est un ange chassé du ciel pour avoir fait des choses terribles, comme s'être opposé à Dieu ou avoir voulu prendre sa place. Alors, pour se venger d'avoir été puni, il va chercher à pousser les humains à faire le mal.

6

Est-ce qu'il n'existe qu'un seul diable?

➽ Dans certaines religions, le diable représente le mal. Il est le chef de tous les démons, de tous les anges déchus. C'est un mauvais génie qui n'a qu'une idée en tête : inciter les gens à suivre son exemple. Heureusement, chacun a le choix de lui obéir ou non!

Pourquoi le représente-t-on comme ça?

➽ Depuis le Moyen Âge, on représente le diable comme un être hideux, qui fait peur, avec des cornes sur la tête, des pieds fourchus et une queue. C'est pour que les humains ne soient pas tentés de lui ressembler, pour qu'ils aient envie de lui résister, de le repousser!

7

Pourquoi le diable est-il souvent entouré de flammes?

8

➽ Dans certaines religions, on pense que les gens qui ont été bons dans leur vie se retrouveront après leur mort au paradis, accueillis par les anges. En revanche, ceux qui ont été méchants iront brûler dans les flammes de l'enfer. Et ce sont les démons qui les accueilleront!

Portraits

Adam et Ève

Le serpent est un animal qu'on associe souvent au diable. D'ailleurs, dans l'histoire d'Adam et Ève, c'est sous la forme d'un serpent tentateur que le diable apparaît à Ève pour la convaincre de croquer la pomme défendue, au paradis terrestre.

Le sais-tu?
Dans la série de films *la Guerre des étoiles*, le personnage de Dark Vador n'est pas un diable, mais il représente la force du mal. Il est grand, il est fort et puissant, il est habillé de noir.

Qui sont les fantômes ?

Un fantôme, ce n'est pas une personne réelle. C'est une espèce d'image, une présence à peine ou pas du tout visible. On dit que les fantômes sont des morts qui se manifestent aux vivants pour leur faire peur, se venger, les chasser.

9

Comment devient-on un fantôme ?

➽ Ne devient pas fantôme qui veut ! Les fantômes sont souvent des apparitions de gens dont la mort a été cruelle ou injuste. Ils peuvent réapparaître des années plus tard, pour hanter les lieux où ils ont vécu.

10

Les fantômes font-ils tous peur ?

➽ Oui, car on a peur des gens qui réapparaissent après leur mort. Pour faire encore plus peur, ils choisissent de signaler leur présence dans des endroits sinistres, comme un cimetière isolé par une nuit sans lune…

Est-ce ce qu'il y a des fantômes partout ?

11

On raconte que les fantômes adorent les grands châteaux dans lesquels jadis des drames ont eu lieu, avec des caves, des murs épais et de hautes tours balayées par la pluie et le vent. Ils ont un faible pour les châteaux en Écosse !

Qui sont les fantômes ?

12

Pourquoi croit-on qu'une maison est hantée ?

➽ Parce qu'on a l'impression qu'il s'y passe des choses bizarres : les portes se mettent à grincer ou à claquer, on entend des pas dans une pièce pourtant vide, le piano se met à jouer tout seul… Tous ces bruits sont très inquiétants !

13

Est-ce que les fantômes ont des noms ?

➽ Les fantômes portent les noms des personnes qu'ils étaient avant. C'est évidemment plus difficile de reconnaître de quelle personne il s'agit quand le fantôme est caché sous un grand drap blanc !

14

Comment font-ils pour traverser les murs ?

➽ Pour des fantômes, c'est facile : ils n'ont pas de corps solide, ce sont des ombres fugitives, transparentes qui glissent en suspension dans les airs. D'ailleurs, si on voulait les serrer dans nos bras, on ne le pourrait pas !

Pourquoi se déguise-t-on en fantômes pour Halloween ?

Selon une légende irlandaise, pendant la nuit des morts (Halloween, la nuit où les sorcières sortent), les prêtres allaient de maison en maison avec une bougie dans un navet évidé en forme de tête humaine. Quand les Irlandais sont arrivés en Amérique, ils ont remplacé les navets par des citrouilles, plus faciles à creuser.

15

Portraits

Casper
Les enfants connaissent bien les aventures de ce gentil petit fantôme en dessins animés, toujours prêt à faire des blagues dans le manoir où il vit.

Le fantôme de l'Opéra
Dans un roman pour grandes personnes, on raconte qu'un fantôme hante l'Opéra de Paris, provoquant des événements bizarres…

Le sais-tu ?
Il existe des « villes fantômes », des villes abandonnées, ravagées par un bombardement ou un tremblement de terre : tous leurs habitants sont partis, et les quelques murs qui sont encore debout font ressembler ces villes à des squelettes.

Qui sont les extraterrestres ?

Il a suffi aux hommes de lever les yeux vers l'immensité du ciel pour imaginer qu'il existait peut-être loin de la Terre, sur d'autres planètes, d'autres formes de vie avec lesquelles ils pourraient entrer en contact : des extraterrestres !

16

Est-ce qu'ils existent vraiment ?

➽ Des gens affirment avoir vu des petits bonshommes gris avec de grands yeux et des mains sans pouce. D'autres disent qu'un engin volant a laissé des traces dans leur champ… Mais cela n'a jamais été prouvé.

17

Pourquoi sont-ils toujours laids ?

➽ S'ils sont difformes, horribles, c'est pour renforcer leur côté inquiétant ! Les adultes terriens adorent jouer à se faire peur avec ces histoires d'envahisseurs pas franchement sympathiques.

18

Est-ce qu'un Martien et un extraterrestre, c'est pareil ?

Les Martiens sont des extraterrestres venant de la planète Mars, des petits hommes verts incompréhensibles qui se déplacent dans des soucoupes volantes ! Mais il y a ces extraterrestres qui viennent d'autres galaxies.

Portrait

E.T.

Si les extraterrestres sont souvent méchants, E. T., lui, est gentil ! Ses aventures sur Terre sont racontées dans un très beau film où il fait ami-ami avec un petit garçon.

Le sais-tu ?

Des Américains et des Canadiens ont réussi à prendre en photo ou à filmer de curieux engins volants, qui ne sont ni des avions ni des fusées. Peut-être que ces ovni, ces Objets Volants Non Identifiés, sont vraiment des soucoupes volantes…

Qui sont les vampires ?

On raconte que ce sont des morts qui sortent de leur cercueil la nuit pour aller planter leurs grandes dents pointues dans le cou d'une personne endormie, et se nourrir de son sang. Heureusement, ce sont des histoires…

19

Qu'est-ce qui se passe quand on a été mordu par un vampire ?

➽ C'est terrible ! Quand on a été vidé de son sang, on meurt. Et on devient à son tour un vampire, comme si les morsures de vampire étaient contagieuses !

20

Pourquoi les vampires ne sortent-ils que la nuit ?

➽ Ils craignent la lumière du jour ! Après leur petite balade nocturne, les vampires doivent impérativement revenir dans leur tombe avant le lever du soleil, sous peine de perdre leur vie éternelle.

Comment peut-on se débarrasser d'un vampire ?

➽ Il paraît que les vampires ne peuvent pas mourir de vieillesse ou de maladie. On peut les éloigner en leur présentant une gousse d'ail, un miroir ou un crucifix. Et pour les tuer, il n'y a qu'une chose à faire : leur planter un pieu en bois dans le cœur !

Portraits

Le comte Dracula
Il est le héros très connu du roman *Dracula* dont ont été tirés plusieurs films. C'était quelqu'un de très élégant, habillé en noir, avec une grande cape et un visage blafard.

Petit Vampire
Les enfants qui le connaissent bien savent qu'il n'y a rien à craindre de lui : c'est un gentil petit personnage, héros de bande dessinée et de plusieurs dessins animés.

Le sais-tu ?
Il existe, en Amérique centrale et en Amérique du Sud, des chauves-souris vampires. La nuit, elles s'approchent silencieusement des animaux endormis et croc ! Elles plantent leurs dents pointues dans la peau des pauvres bêtes, puis elles boivent leur sang…

Qui sont les monstres ?

Si les monstres n'existaient pas, il n'y aurait pas d'histoires avec de courageux héros pour les terrasser ! Elles ont été inventées pour nous donner du courage, pour nous faire un peu peur aussi. Tout le monde aime ce genre d'histoires, du moment qu'elles finissent bien !

22 

Les monstres sont-ils tous laids ?

➽ Ce sont des créatures méchantes qui représentent le mal. Il est hors de question qu'on ait envie de leur ressembler. Les monstres doivent nous dégoûter, nous repousser. En même temps, ils doivent nous donner envie de les chasser, de les vaincre.

23 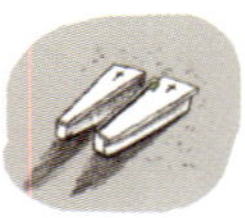

Où vivent les monstres ?

➽ On raconte qu'il y en a dans les placards à balais, sous les lits des enfants, dans les greniers, les caves, les cimetières, les forêts profondes…
Mais personne n'a jamais réussi à en attraper en vrai : les monstres n'existent que dans les histoires.

Pourquoi y a-t-il autant de monstres différents ? 24

➤ C'est vrai, il en existe des petits, des grands, des poilus, certains ont un aspect humain, d'autres ressemblent plus ou moins à des animaux. Ils peuvent être méchants, rusés, féroces, avides, sournois ou violents. Comme l'homme, par certains côtés !

25 Les dragons sont-ils des monstres ?

➽ Avec leur gueule impressionnante, c'est vrai qu'ils sont monstrueux ! En Europe, au Moyen Âge, et dans les histoires seul un héros digne de ce nom peut oser affronter un monstre pareil crachant du feu comme un lance-flammes. En Chine, par contre, avec sa bonne grosse tête de monstre, le dragon est associé à des fêtes joyeuses comme celle du Nouvel An : il est censé éloigner le mal et porter chance !

Et les dinosaures ?

➽ Les plus terribles des carnivores étaient de vrais monstres. Et les plus gros des herbivores étaient monstrueusement grands. Mais ces animaux étaient réels, et non imaginaires. Même si aucun humain ne les a jamais vus en vrai.

26

Portrait

Godzilla

Lui, c'est un lézard géant préhistorique capable de tout détruire sur son passage, y compris la ville de New York ! Mais c'est du cinéma, bien sûr !

Qui sont les monstres ?

Portraits

King Kong

C'est un gorille de cinéma, monstrueusement grand. Et pourtant, malgré sa taille gigantesque et son aspect inquiétant, il a un cœur gros comme ça.

Les gremlins

Ces vilains petits monstres sont les héros d'un film. Très mignons au début, ils se transforment en « affreux jojos » dès qu'ils reçoivent une goutte d'eau.

Le yéti

On raconte que ce singe terrifiant surnommé « l'abominable homme des neiges » vit dans les hautes montagnes de l'Himalaya et que personne n'a jamais réussi à le capturer.

Portraits

Le monstre du loch Ness

Son surnom, c'est « Nessie ». C'est un serpent géant qui vivrait dans un lac en Écosse. Des habitants affirment l'avoir vu, mais ils ont peut-être beaucoup d'imagination.

Le sais-tu ?

Il existe encore des dragons aujourd'hui, les dragons de Komodo du nom de l'île d'Indonésie sur laquelle ils vivent. Ce sont les plus gros lézards du monde, des reptiles géants à l'allure préhistorique, capables de s'attaquer à une chèvre ou à un cochon.

Qui sont les géants et les ogres ?

Leurs histoires nous font trembler depuis la nuit des temps. S'ils sont si grands, si forts, c'est pour être les plus terrifiants des monstres ! Alors on applaudit plus fort encore les héros qui osent les affronter avec courage, et souvent beaucoup d'intelligence.

27

Quelle est la différence entre un géant et un ogre ?

➽ Tous les deux, c'est vrai, sont imposants. Les géants sont forts, violents, brutaux, mais les ogres sont plus féroces, car ils ont besoin de chair fraîche pour se nourrir. Ils ont même un petit faible pour les enfants, qu'ils soient dodus ou non !

Portrait

L'ogre du Petit Poucet
Comme tous les ogres, il est affamé et ne rêve que d'une chose : dévorer le Petit Poucet, et ses six frères avec. Mais le Petit Poucet est rusé…

28

Quel est le géant le plus connu ?

➜ Il s'appelle Goliath et son combat contre David est raconté dans un épisode célèbre de la Bible. Goliath était un terrible soldat que personne n'osait affronter ! Pourtant, David, un jeune et courageux berger, réussit à le terrasser en lui envoyant une pierre en plein front.

Portraits

Baba Yaga

C'est la cruelle ogresse d'un conte très populaire en Russie. Heureusement, la petite fille qu'elle voulait manger réussit à lui échapper grâce à son courage et à sa gentillesse.

Shrek

Ce gros géant vert de dessin animé est affreux mais si gentil qu'il réussit à conquérir le cœur de la princesse Fiona qui le trouve plus craquant qu'un prince charmant !

Gargantua

Cent peaux de vaches brunes étaient nécessaires pour fabriquer les souliers de ce géant de la littérature imaginé par Rabelais il y a 500 ans. C'est dire s'il était grand !

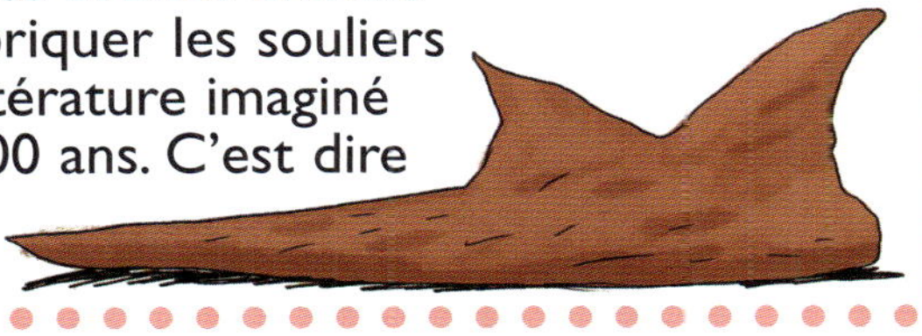

? Le sais-tu ?

Les histoires de géants ne datent pas d'hier ! Dans la mythologie grecque, il est question de Cyclopes, des géants avec un seul œil au milieu du front, mais aussi de Titans, douze frères et sœurs, qui sont à l'origine du mot « titanesque » qui signifie colossal.

Qui sont les nains et les lutins ?

Ces petits êtres avec de grandes oreilles et des chapeaux pointus vivent en bandes, cachés au fond de la forêt. Enfin, c'est ce qu'on raconte dans les histoires, car ils sont très difficiles à voir… d'ailleurs, personne n'en a encore jamais vu !

29

Est-ce que les nains sont des lutins ?

➽ Nains et lutins ont en commun d'être des personnages imaginaires très petits. Les nains ont parfois des barbes. On raconte qu'ils travaillent dans des mines, et qu'ils ne vivent pas forcément dans les bois : les « nains de jardin » adorent jouer sur le gazon !

30

Qui sont les 7 nains de Blanche-Neige ?

Dans le film de Walt Disney, les héros du célèbre conte de Blanche-Neige s'appellent Prof, Joyeux, Grincheux, Dormeur, Atchoum, Timide et Simplet. Ils vivent dans une petite maison au fond de la forêt.

31

Que font les lutins toute la journée ?

➽ Ils aménagent leurs cabanes, ils scient du bois, ils cherchent leur nourriture, car ils sont tout petits mais très costauds ! Ils sauvent les animaux tombés dans des pièges, ils font des farces. Et quand ils peuvent rendre service aux gens, ils le font avec plaisir !

Qui sont les nains et les lutins?

Portraits

Il y a beaucoup de lutins dans les histoires, mais avec des noms différents. Dans toutes les régions, dans tous les pays, les hommes aiment croire en leurs pouvoirs magiques pour expliquer ce qu'ils ne comprennent pas.

Les gnomes
Avec leur grosse tête et leurs yeux perçants, ces petits lutins des histoires d'Europe de l'Est sont aussi laids que les gobelins, mais un peu moins méchants.

Les farfadets
Dans les histoires qu'on raconte en Russie, au nord de l'Europe ou en Irlande, ces petits vieillards ridés adorent jouer de très mauvais tours aux gens dans leurs maisons.

Les gobelins
Ces créatures malveillantes et hideuses passent leur temps à jouer des vilains tours aux humains…

Les elfes
Ce petit peuple des forêts se nourrit de baies sauvages. Ce sont les rois du cache-cache (ils s'ingénient à ne jamais être vus par les humains), et ils sont plutôt gentils.

Les korrigans
Ils vivent dans des grottes au bord de la mer, en Bretagne ou en Irlande. Avec leurs petites cornes et leurs mains griffues, ils ressemblent un peu à des diables.

Les trolls
Gare à celui qui les croise ! Les trolls sont laids et antipathiques. Dans les légendes scandinaves, ce sont des petits lutins. Mais l'écrivain Tolkien en a fait des êtres gigantesques, qui se transforment en pierre à la lumière du jour.

Le sais-tu ?
Il ne faut pas confondre lutins, gnomes et autres petites créatures fantastiques avec les Lilliputiens des aventures de Gulliver. Les Lilliputiens, comme Tom Pouce, comme Poucette ou Nils Holgersson sont des humains en miniature.

Qui sont les fées ?

Qu'elles soient gentilles ou méchantes, les fées apparaissent sur un coup de baguette magique dans les histoires pour jeter des sorts, secourir quelqu'un, le protéger ou le prévenir de quelque chose, l'aider à se métamorphoser ou lui donner des conseils.

32

Est-ce qu'elles n'existent que dans les histoires ?

➽ Oui ! Elles ont été inventées pour faire rêver les lecteurs, les amuser, apporter un peu de merveilleux à leur vie. Tout le monde aimerait croire qu'elles existent vraiment, surtout quand ce sont de bonnes fées.

33

Pourquoi les fées ne sont-elles pas toutes belles ?

➽ Certaines fées peuvent ressembler à des vieilles femmes. Le héros de l'histoire a donc plus de mal à leur faire confiance. Pourtant ces fées ne sont pas toujours méchantes, certaines sont là pour faire le bien.

Pourquoi ont-elles des baguettes magiques ?

34

➽ La baguette magique est l'accessoire indispensable aux fées pour jeter des sorts. Mais elles utilisent aussi d'autres objets magiques : un miroir qui parle, une traînée de poudre qui les suit dans les airs quand elles volent…

Qui sont les fées ?

35

Pourquoi les fées se penchent-elles sur le berceau des bébés ?

➽ Dans les contes, les rois et les reines demandent souvent à de bonnes fées, les marraines, de donner à leur nouveau-né ce qu'il faut pour grandir heureux : la beauté, l'intelligence… C'est ce que tous les parents souhaitent pour leurs enfants !

36

D'où leur vient leurs pouvoirs ?

➽ Dans les contes traditionnels, les fées naissent avec leurs pouvoirs magiques. Dans certains dessins animés d'aujourd'hui, on raconte qu'elles apprennent à les utiliser dans un collège pour fées ! Pourquoi pas ?

37

Où se trouve le pays des fées ?

➜ Seules les fées savent où se trouve ce royaume imaginaire ! Là-bas, la nature est belle et généreuse, les gens sont heureux, il n'y a pas de guerres ni de tremblements de terre. Un pays de rêve en somme !

Portraits

La fée Carabosse
Attention ! Cette fée est très méchante ! Furieuse de ne pas avoir été invitée au baptême de la princesse Aurore dans *la Belle au bois dormant*, elle va chercher à se venger par tous les moyens...

La fée Clochette
Elle accompagne Peter Pan dans ses aventures. Elle est minuscule, elle parle le langage des fées, mais sa jalousie va la pousser à faire un gros mensonge...

Le sais-tu ?
On a donné le nom de « contes de fées » à toutes ces belles histoires où il est question d'animaux qui parlent, de chats bottés, de loups déguisés en grands-mères... Autant de personnages magiques comme les fées, qui n'existent pas dans la vraie vie.

Qui sont les sirènes ?

Ces créatures fantastiques, jeunes et belles, mi-femmes mi-poissons, sont nées de l'imagination des marins, qui partaient en mer pendant de longs mois et ne croisaient personne.

38

Pourquoi les sirènes sont-elles si belles ?

➽ Pour mieux séduire les marins ! Surtout quand elles chantent, assises au soleil sur les rochers. Les marins doivent faire preuve d'une énorme volonté pour ne pas s'en approcher, sinon ils risquent d'écraser leurs bateaux sur la côte !

39

Comment font les marins pour leur échapper ?

➽ Pour résister à l'appel des sirènes, on raconte que les marins se bouchent les oreilles avec de la cire, ou qu'ils jouent de la musique très fort pour couvrir leur chant envoûtant.

Où habitent-elles ?

➽ Il paraît qu'elles vivent dans un fabuleux palais aquatique au fond de la mer, celui du roi de la Mer. C'est là qu'elles gardent prisonniers les marins qu'elles ont réussi à attirer par-dessus bord.

40

Portraits

La petite sirène de Copenhague
Cette statue se trouve au Danemark, le pays de Hans Christian Andersen qui a écrit la célèbre histoire d'une petite sirène qui tombe amoureuse d'un prince… Dans le film de Walt Disney, elle s'appelle Ariel.

Ondine
C'est un autre nom pour dire sirène. Une ondine peut aussi vivre dans un lac et tomber amoureuse d'un humain, surtout s'il s'agit d'un beau chevalier…

Le sais-tu ?
Les sirènes ne vivent pas que dans les mers. Perchée sur un rocher au bord d'un grand fleuve, le Rhin, une sirène appelée Lorelei envoûtait les marins avec son chant mélodieux.

Qui sont les sorcières et les sorciers ?

Ces personnages imaginaires connaissent l'art de la sorcellerie, de la magie, ses secrets, ses recettes, ses pouvoirs. Il paraît que les sorciers et les sorcières utilisent leur savoir pour faire du mal aux gens… Alors méfiance !

41

Pourquoi les sorcières font-elles si peur ?

➽ Comment ne pas avoir peur de quelqu'un qui a des pouvoirs mystérieux que les personnes normales n'ont pas ? Elles sont capables de faire les pires ennuis aux gens, de leur jeter de mauvais sorts, de leur prédire des horreurs !

42

Est-ce que leurs pouvoirs sont réels ?

➽ Les hommes ont toujours eu envie de changer le cours des choses : faire pleuvoir pour avoir une meilleure récolte, faire disparaître leur meilleur ennemi… Certains croient que la sorcellerie peut leur donner un coup de pouce.

43

Est-ce que toutes les sorcières sont laides ?

➜ Pour accentuer leur côté démoniaque, beaucoup ont l'aspect de vieilles femmes ricanantes au nez crochu, avec leurs dents gâtées et leurs ongles griffus. Mais certaines sont très jolies pourtant, comme Cruella, ce qui ne les rend que plus dangereuses !

Portraits

Cruella

Elle n'est vraiment pas sympa cette sorcière-là ! Dans le film de Walt Disney, *Les 101 dalmatiens*, elle ne pense qu'à une chose : kidnapper les chiots et récupérer leur peau pour s'en faire un manteau…

Qui sont les sorcières et les sorciers ?

44

Comment font les sorcières pour voler sur des balais ?

➽ Pour elles, c'est un jeu d'enfant ! Elles n'ont pas besoin de passer leur permis de conduire un balai ! Évidemment, elles ne peuvent voler que sur un balai magique, « breveté » balai de sorcières. Ça ne marche pas du tout avec un balai ordinaire !

45

Comment font les sorciers pour jeter des sorts ?

➽ Pour jeter un sort, bon ou mauvais, l'important c'est de connaître la formule magique appropriée et d'agiter sa baguette. *Abracadabra*, le sorcier prononce une suite de mots bizarres que les gens normaux ne peuvent pas comprendre, et ça marche !

46

Pourquoi y a-t-il toujours de la bave de crapaud dans leurs recettes ?

➽ Parce que c'est dégoûtant ! Il peut y avoir aussi du venin de serpent, du jus de chaussettes, des crottes de chouettes…
Les recettes rédigées dans les vieux grimoires de sorcellerie n'ont rien de bien appétissant, c'est vrai !

Le sais-tu ?
Depuis le Moyen Âge, une légende raconte que les chats noirs portent malheur, qu'il faut s'en méfier comme de la peste. Ces chats couleurs de la nuit seraient en fait des sorcières diaboliques qui auraient pris la forme de chats…

Qui sont les sorcières et les sorciers ?

47

D'où leur viennent tous leurs pouvoirs ?

➻ Il paraît que les gens qui font de la magie et de la sorcellerie héritent des pouvoirs de leurs parents à leur naissance. Mais dans les histoires, on ne les voit jamais petits et, le plus souvent, ils sont représentés comme des vieillards. Alors… !

Portraits

Harry Potter
Harry Potter est le plus célèbre, le plus gentil et le plus courageux des enfants sorciers. C'est au collège de Poudlard, en Écosse, qu'il apprend tout ce qu'un vrai sorcier doit savoir.

Portraits

Merlin l'enchanteur
Ce vieux magicien, conseiller à la cour du roi Arthur dans les histoires des Chevaliers de la Table Ronde serait, dit-on, enterré en Bretagne, dans la forêt de Brocéliande.

Panoramix
Dans les BD d'Astérix, ce druide à longue barbe prépare la fameuse potion magique qui rend invincible et dans laquelle le gros Obélix serait tombé quand il était petit.

Le magicien d'Oz
Dans ce film, la jeune Dorothée va voir le magicien d'Oz qui habite dans le Palais d'Émeraude, pour lui demander de sauver son petit chien Toto.

Qui sont les princesses et leurs princes charmants?

Dans les contes de fées, le prince charmant est le beau jeune homme que toutes les princesses rêvent d'épouser. Il n'est pas forcément riche ou fils de roi, mais il est gentil, courageux, intelligent et généreux. Bref, c'est le futur mari parfait !

48

Les princes charmants sont-ils toujours beaux ?

➽ Pas tous, et ils n'arrivent pas tous sur un fougueux cheval blanc! Le prince charmant peut même ressembler à un crapaud! Il suffira du baiser d'une princesse, émue par la générosité de son cœur, pour qu'il redevienne un beau jeune homme!

49

Pourquoi les princesses sont-elles toujours « à marier »?

➽ Pour faire rêver et battre le cœur des lectrices qui ont très envie que la princesse de leur histoire rencontre son prince charmant, qu'elle se marie et qu'elle ait beaucoup d'enfants!

50

Pourquoi les princes doivent-ils passer des épreuves?

➽ Conquérir le cœur d'une princesse ça se mérite! Tous les jeunes gens d'un royaume en rêvent, mais un seul en est vraiment digne. En faisant passer des épreuves aux différents prétendants, le roi découvrira lequel mérite vraiment d'épouser sa fille!

Portraits

Cendrillon

La pauvre Cendrillon, maltraitée par sa belle-mère, rêve d'aller au bal du prince. D'un coup de baguette magique, sa gentille marraine lui offre une belle robe et un carrosse… jusqu'à minuit seulement. Mais cela suffit pour que le prince en tombe amoureux.

La Belle et la Bête

La Bête est amoureux de la Belle, mais la Bête est horrible et la Belle s'obstine à refuser sa demande en mariage… Un jour pourtant, pour sauver la Bête, elle accepte, et surprise ! La Bête se change en prince charmant.

La Belle au bois dormant

Pauvre princesse ! La méchante fée Carabosse, furieuse de ne pas avoir été conviée à son baptême, lui a jeté un sort pour qu'elle s'endorme pendant cent ans. C'est l'amour d'un prince charmant qui la tire de son profond sommeil.

Le sais-tu ?

Dans les contes de fées, « se marier, vivre heureux et avoir beaucoup d'enfants », c'est l'image du bonheur parfait ! Toutes ces belles histoires d'amour, ça fait rêver et ça fait du bien ! Car dans la vie, les choses ne se passent pas toujours aussi facilement.

Qui sont les super-héros ?

Ces personnages hors du commun, dotés de super-pouvoirs, ont été inventés par des auteurs américains de bandes dessinées. Ce sont en fait des gens ordinaires, mais ils sont capables, dès qu'on a besoin d'eux, de faire des choses incroyables !

51

Comment font-ils tout ça ?

➽ Les super-héros représentent le bien. Leur mission ? Réparer les injustices, voler au secours des gens ou les protéger, et empêcher les méchants de faire du mal. Ils font ça secrètement, sans en retirer la moindre gloire.

52

Pourquoi sont-ils déguisés ?

➽ Ce ne sont pas des déguisements, mais des super-tenues qu'ils enfilent dès qu'on a besoin d'eux, pour qu'on ne les reconnaisse pas ! Car les super-héros ont une double identité : à certains moments, ce sont des gens normaux, à d'autres des super-héros.

Comment devient-on un super-héros ?

53

➽ Ce n'est pas donné à tout le monde ! Il faut avoir vécu quelque chose d'incroyable dans son enfance ou dans sa vie : Superman vient d'une autre planète, Spiderman a été piqué par une araignée malade, Hulk a avalé une potion bizarre…

Qui sont les super-héros ?

54

Pourquoi des méchants attaquent-ils les héros ?

➽ Ces méchants sont indispensables, car sans eux il n'y aurait pas d'histoire. Ils représentent le mal. Plus ils sont affreux et abominables, plus les super-héros passent pour des gens courageux. Car forcément, dans les histoires, le bien triomphe toujours du mal.

55

Pourquoi ne peut-on jamais attraper les super-héros ?

➽ Pour ne pas découvrir leur identité. De plus, les super-héros ne meurent jamais. Cela fait plusieurs dizaines d'années que leurs histoires existent, et tant que des scénaristes seront capables de leur inventer de nouvelles aventures, ça ne devrait pas changer !

Portraits

Zorro

C'est un justicier qui n'a pas de pouvoirs magiques. Tout de noir vêtu et chevauchant son cheval Tornado, « le vengeur masqué » signe toujours ses actes de bravoure d'un grand Z, fait avec la pointe de son épée.

Spiderman

En cas de danger, Peter Parker se transforme en Spiderman. Accroché à son fil, l'homme-araignée passe d'un immeuble à l'autre et se jette sur les voleurs qu'il capture dans sa toile.

Le sais-tu ?
Presque tous les super-héros sont des hommes, pourtant les femmes aussi sont capables d'accomplir des super-exploits. La seule super-héroïne connue s'appelle Wonder Woman. Sa mission : arrêter les criminels.

Quel genre de commerce faisaient les Vikings ?

Quelle est la différence entre un pirate et un corsaire ?

Que faisait le chevalier toute la journée ?

Comment devenait-on gladiateur ?

Comment devenait-on pharaon ?

Les empereurs ont-ils plus de pouvoir que les rois ?

Y avait-il beaucoup d'Indiens à l'époque ?

Qui sont les personnages historiques ?

Questions 56 à 192

Qui sont les pharaons ?

On appelait ainsi ces rois aux pouvoirs sans limites et protégés des dieux qui régnaient sur l'Égypte ancienne. Plus de deux cents pharaons ont dirigé cet incroyable pays, traversé par le plus long fleuve d'Afrique, le Nil.

56

Ça voulait dire quoi être pharaon ?

➽ Le pharaon était une sorte de dieu vivant, le fils du dieu Soleil, un être à part. C'était le personnage le plus puissant d'Égypte. Il était le propriétaire de tout le pays, des terres, des hommes, des animaux, sur lesquels il régnait en maître absolu.

Comment devenait-on pharaon ?

➽ Normalement, le fils aîné d'un pharaon devenait pharaon à la mort de son père, même s'il était encore enfant ! Son couronnement était une grande cérémonie, on lui remettait les attributs de son pouvoir : une couronne, une crosse et un fouet.

57

Portait-il une couronne en or ? 58

➽ Non. En fait, il n'avait pas une couronne, mais deux, emboîtées l'une dans l'autre. L'une était rouge, l'autre blanche. Cela voulait dire qu'il dirigeait les deux grandes parties de l'Égypte : la Haute-Égypte et la Basse-Égypte.

Que faisait le pharaon ? 59

➽ Il était à la fois le chef religieux, politique et militaire de l'Égypte. Pour honorer les dieux, il faisait construire d'immenses temples. Il prenait toutes les décisions pour gouverner son pays, il rendait la justice et il protégeait son peuple des envahisseurs.

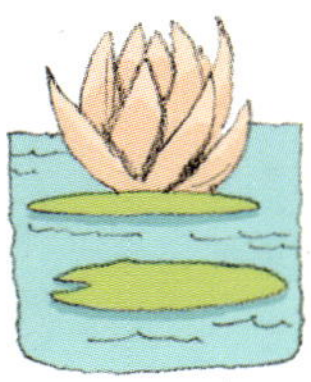

Comment vivait le pharaon ? 60

➽ Il vivait luxueusement avec sa famille, ses ministres et ses serviteurs dans un palais entouré de jardins fleuris et de petits lacs. Il se déplaçait sur un char royal recouvert d'or, il était craint et vénéré, il fallait se courber jusqu'à terre devant lui !

Qui sont les pharaons ?

61

Est-ce que le pharaon était marié ?

➽ Oui, et il avait même plusieurs femmes, donc beaucoup d'enfants. Il devait épouser une de ses sœurs, et pouvait épouser ses filles s'il le voulait ! Sa femme préférée était la Grande Épouse royale, elle portait une couronne surmontée d'un cobra et de magnifiques bijoux.

62

Comment sait-on tant de choses sur les pharaons ?

➽ En étudiant leurs monuments, les temples et les pyramides, et les trésors de leurs tombeaux. Mais aussi grâce à la traduction des hiéroglyphes gravés sur les monuments, qui en disent long sur ces pharaons qui vivaient il y a des milliers d'années.

Portraits

Ramsès II
Ce pharaon est connu pour avoir construit des temples magnifiques. Grâce à sa momie retrouvée en parfait état, on sait qu'il était roux et qu'il avait les dents bien abîmées au moment de sa mort, vers 80 ans…

Néfertiti
Grande Épouse royale du pharaon Akhenaton, son nom signifie « la belle est venue ». 3 000 ans après sa mort, on a retrouvé dans le désert une magnifique statue d'elle coiffée d'une couronne bleue.

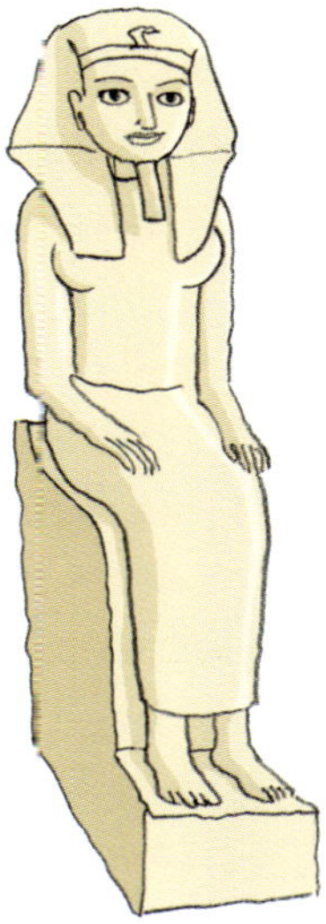

Hatshepsout
Fille aînée d'un pharaon, elle décida que le fait d'être une femme ne l'empêcherait pas d'être aussi un pharaon ! Elle occupa donc le trône pendant vingt ans, et se fit représenter comme un homme, avec une barbe, pour mieux assumer son rôle.

Toutankhamon
Roi à 8 ans, il est mort vers 18 ans. On a retrouvé son tombeau presque intact dans la Vallée des Rois, avec sa momie, son masque funéraire en or massif, et tous ses trésors…

Cléopâtre
Elle fut la dernière reine d'Égypte. Montée sur le trône à 17 ans, elle est morte à 38 ans. On raconte qu'elle se serait suicidée pour éviter le déshonneur de voir l'Égypte dominée par les Romains.

Le sais-tu ?
Pour que le voyage de Pharaon vers l'au-delà se passe bien après sa mort, on le transformait en momie, on lui posait un masque en or sur le visage et on cachait son sarcophage au fond d'un grand tombeau richement décoré, avec des bijoux, des meubles…

Qui sont les Gaulois ?

Ces peuples vivaient en Gaule, il y a plus de vingt siècles. Ce sont les Romains qui appelèrent « Gaulois » les Celtes qui s'étaient installés en Gaule après avoir traversé une grande partie de l'Europe.

63

Où se situait la Gaule ?

➽ Ce qu'on appelle la Gaule correspond à peu près à la France d'aujourd'hui. Ce territoire était divisé en une centaine de tribus indépendantes les unes des autres et souvent ennemies, mais tout le monde parlait la même langue.

64

À quoi ressemblaient les Gaulois ?

➽ Les Grecs et les Romains les considéraient comme des barbares. C'est vrai qu'avec leurs longs cheveux décolorés et leurs grosses moustaches, ils n'avaient pas l'air très civilisés, mais ce n'étaient pas des sauvages.

Comment étaient-ils habillés ? 65

➽ Les tissus de leurs vêtements étaient fabriqués à la maison : les hommes portaient des pantalons appelés braies, les femmes de longues robes et des capes. Ils avaient des ceinturons, étaient chaussés de sandales ou de bottines en cuir, et portaient aussi des bijoux en os et en or.

Où habitaient-ils ? 66

➽ Leurs maisons avaient des toits de chaume et des murs faits de boue séchée et de branchages. Dans les villages, il y avait des rues et des places. Les villes les plus importantes étaient fortifiées, c'est-à-dire protégées par de hauts remparts.

Qu'est-ce qu'ils mangeaient ? 67

➽ Ce qu'ils faisaient pousser dans leurs champs, ce qu'ils pêchaient, ce qu'ils chassaient. C'étaient de très bons agriculteurs. Ils conservaient la viande en la salant ou en la fumant, ils faisaient des galettes de blé, du vin, et une sorte de bière : la cervoise.

Qui sont les Gaulois ?

68

Les Gaulois vivaient-ils en famille ?

➽ La famille était très importante pour eux : parents, grands-parents, oncles et tantes, tout le monde vivait ensemble, sous l'autorité du chef de la tribu. Les femmes avaient le droit de choisir leur mari et elles s'occupaient de tout dans la maison.

69

Le travail des Gaulois, c'était quoi ?

➽ Les paysans cultivaient des céréales ou de la vigne, et ils élevaient du bétail.

Mais les Gaulois étaient aussi de grands créateurs : leurs inventions les plus étonnantes sont le tonneau, cerclé de fer, et une sorte de moissonneuse mécanique.

70

Les enfants allaient-ils à l'école ?

➽ Eh non, l'école n'existait pas ! Les enfants apprenaient la vie avec leurs parents. Pour compléter cet enseignement, le druide, l'homme le plus savant du village, leur parlait de musique, de poésie, d'astronomie et de la religion gauloise.

Qui étaient les druides ? 71

➼ Les druides étaient les personnages les plus importants des tribus gauloises. Ils étaient très savants et connaissaient toutes sortes de remèdes avec lesquels ils fabriquaient des potions. Les Gaulois étaient sûrs qu'ils avaient des pouvoirs magiques !

Les Gaulois avaient-ils des ennemis ? 72

➼ C'étaient des guerriers dans l'âme qui s'attaquaient souvent entre tribus. Mais ils avaient un ennemi commun, les Romains : d'ailleurs, après quatre années de guerre, la Gaule, vaincue par Jules César, devint une simple province de l'Empire romain !

Portraits

Astérix
Avec son copain Obélix, grand amateur de sanglier, et son chien Idéfix, ce petit héros de bande dessinée est le plus célèbre de tous les Gaulois… mais il n'a jamais existé !

Vercingétorix
Ce jeune Gaulois a essayé courageusement de tenir tête au Romain Jules César et à son armée. Mais il perdit la bataille à Alésia. Il fut emprisonné à Rome et assassiné.

Le sais-tu ?
Les Gaulois étaient de remarquables paysans. Ils utilisaient toutes sortes d'outils, comme la pioche ou la faux. Ils savaient aussi fabriquer de très bonnes épées, bien meilleures que celles des Romains !

Qui sont les Romains ?

D'abord petit village, puis ville plus importante, Rome est devenue le centre d'un puissant Empire dont les habitants, les Romains, ont joué un grand rôle dans l'Histoire.

73

Pourquoi Rome était-elle aussi puissante ?

➽ Les soldats romains ont fait la conquête de presque tous les pays autour de la mer Méditerranée. Ils ont rapporté d'énormes butins de ces expéditions, et toutes leurs richesses étaient envoyées à Rome.

74

Tous les Romains étaient-ils riches ?

➽ Pas du tout, et ils n'étaient pas égaux devant la loi ! Des esclaves à l'empereur, en passant par les nobles patriciens et les pauvres paysans, les inégalités étaient très grandes entre les Romains.

Comment les Romains ont-ils pu faire tant de conquêtes?

➽ Ils avaient une armée immense, bien organisée et efficace ! Les soldats, légionnaires et centurions, étaient bien entraînés, bien armés, bien payés. Et les généraux romains étaient capables d'imaginer les meilleures stratégies, c'est-à-dire les meilleures façons de gagner, avant chaque attaque.

Qui sont les Romains ?

76

Quelle langue parlaient-ils ?

➽ Au fur et à mesure de leurs conquêtes, sauf autour de la Grèce, les Romains ont imposé le latin comme langue officielle, mais la plupart des peuples gardaient leur propre langue. Le latin est à l'origine de l'italien, du français ou de l'espagnol d'aujourd'hui.

77

Tous les Romains vivaient-ils à Rome ?

➽ Non ! Mais on appelait Romains tous les habitants de l'Empire. Rome était la ville la plus importante de l'Empire, mais il y en avait d'autres. D'ailleurs, même s'ils allaient souvent à Rome pour régler des affaires commerciales ou politiques, les riches Romains préféraient vivre dans leurs grandes villas à la campagne.

Est-ce que les Romains travaillaient ?

➜ Bien sûr! En plus des commerçants et des artisans, il y avait des magistrats qui dirigeaient les villes avec leurs conseillers, des avocats pour défendre les gens, de nobles sénateurs, des architectes, des médecins et même des chirurgiens! Mais les seuls à travailler de leurs mains étaient les esclaves.

78

Portraits

Jules César
Après avoir conquis la Gaule, ce grand général a voulu devenir le roi de Rome. Il est mort assassiné par son fils adoptif et ses amis avant d'avoir pu monter sur le trône!

Néron
Ce sinistre empereur a fait assassiner sa mère. Il persécutait les chrétiens et on raconte qu'il aurait mis le feu à Rome pour admirer le spectacle depuis son palais...

Le sais-tu ?
Une légende raconte que la ville de Rome a été fondée par les jumeaux Romulus et Remus, à l'endroit même où ils avaient été trouvés. Abandonnés tout bébés, ils auraient été adoptés et nourris par une louve.

Qui sont les gladiateurs ?

Les Romains adoraient assister aux combats de gladiateurs. Mais qui étaient ces gladiateurs ? Des hommes obligés de se battre, parfois jusqu'à la mort, pour le plus grand plaisir de l'empereur et de milliers de spectateurs.

79

Comment devenait-on gladiateur ?

➽ Les gladiateurs étaient souvent d'anciens prisonniers de guerre vendus comme esclaves. Avant de les jeter dans l'arène, leurs propriétaires leur faisaient subir un entraînement très dur dans des écoles de gladiateurs pour qu'ils deviennent robustes et combatifs.

80

Pourquoi acceptaient-ils de faire ça ?

➽ Ils n'avaient pas le choix, ils n'étaient pas libres. S'ils refusaient, ils étaient tués ou on les envoyait travailler dans des mines, ce qui était très pénible. Pour espérer rester en vie, ils n'avaient qu'une solution : être les meilleurs dans l'arène.

81

Ils ne pouvaient pas s'échapper ?

➽ Impossible ! Une école de gladiateurs ressemblait à une prison bien gardée, entourée par de hauts murs. Ceux qui tentaient de s'échapper étaient fouettés, jetés enchaînés dans des cachots plein de rats, avec rien à manger.

82

Est-ce qu'ils vivaient longtemps ?

➽ Perdre le combat, c'était perdre la vie. En général les gladiateurs ne faisaient pas de vieux os ! Seuls les champions survivaient : ils étaient ovationnés par la foule et, après plusieurs victoires, ils pouvaient arrêter les combats et devenir les entraîneurs des futurs gladiateurs.

83

Avaient-ils des armes ?

➽ Oui, mais pas les mêmes. Les uns se battaient à l'épée, au poignard ou avec un filet, et d'autres, à bord d'un char tiré par des chevaux. Certains combattaient des bêtes féroces. D'autres encore luttaient à mains nues…

Le sais-tu ?
Parfois, pour éviter de mourir, un gladiateur vaincu demandait sa grâce à l'empereur et au public. Pouces levés : la foule lui sauvait la vie, estimant qu'il avait été brillant au combat. Pouces baissés : sa grâce lui était refusée, c'en était alors fini de lui…

Qui sont les gladiateurs ?

84

Où se passaient les combats de gladiateurs ?

➻ Dans d'immenses amphithéâtres dont le sol était recouvert de sable. Dans celui de Rome, le plus grand de tous, des pompes permettaient de transformer l'arène en lac artificiel, où les gladiateurs pouvaient même combattre à bord de bateaux.

Portrait

Spartacus
Il est célèbre pour avoir fait évader soixante-quatorze pensionnaires d'une école de gladiateurs. Puis des milliers d'esclaves les ont rejoints pour s'opposer aux Romains. Spartacus a mené la plus importante révolte d'esclaves et a tenu en échec l'armée romaine pendant deux ans.

Qui sont les Barbares ?

Ces cavaliers nomades n'avaient peur de rien et ils se déplaçaient en détruisant tout sur leur passage. Au ve siècle, ils ont osé franchir les frontières de l'Empire romain et la puissante armée romaine n'a jamais pu les arrêter.

85

Pourquoi ont-ils fait ça ?

➽ Un empire aussi riche que l'Empire romain, ça fait très envie ! Profitant des guerres civiles et des luttes de pouvoir chez les Romains, ces voisins « barbares » se sont dit que c'était le bon moment d'attaquer pour se servir !

86

D'où venaient ces Barbares ?

➽ Ces peuples d'envahisseurs venaient du nord-est de l'Europe et de l'Asie : les Wisigoths ont pillé Rome et l'Espagne. Les Francs ont envahi la Gaule. Il y avait aussi les Vandales, les Huns…

87

Comment ça s'est passé ?

➽ Les Huns ont commencé : partant à cheval d'Asie centrale, ils ont envahi le royaume voisin des Ostrogoths, les obligeant à fuir. Puis ce fut le tour des Wisigoths, et ainsi de suite, les uns poursuivant les autres toujours plus loin jusqu'à l'Empire romain.

Qu'est-ce qu'ils faisaient sur place ? 88

➽ Ils étaient venus piller les richesses, mais beaucoup ne sont jamais repartis chez eux ! Certains chefs gaulois étaient ravis que les Barbares s'installent : ils espéraient pouvoir chasser les envahisseurs romains grâce à leur aide.

Est-ce qu'ils étaient tous violents ? 89

➽ Beaucoup de ces peuples dits « barbares » n'étaient pas sanguinaires. Ce fut le cas des Burgondes et des Francs. D'ailleurs le chef des Francs, Clovis, fut le premier roi de ce qui deviendra la France !

Portraits

Attila
Ce chef des Huns, qui a d'ailleurs été leur roi, était si terrifiant qu'il était surnommé « le Fléau de Dieu » !

Conan le Barbare
Cette caricature du Barbare en Monsieur muscle justicier, mais pas vraiment futé, a été immortalisée à l'écran par Arnold Schwarzenegger.

Le sais-tu ?
Les Vandales avaient la réputation de piller et de saccager tout sur leur passage, avec un petit faible pour les biens de l'Église. C'est à cause de cela que le nom de ce peuple de Barbares est devenu un adjectif synonyme de « destructeur ».

Qui sont les Vikings ?

Il y a plus de mille ans, ces grands navigateurs originaires de Suède, de Norvège et du Danemark, trois pays connus sous le nom de Scandinavie, ont terrifié les habitants de toute l'Europe en pillant leurs richesses et en volant leurs terres souvent par la force.

90

Pourquoi ont-ils quitté leurs pays ?

➽ Au nord de l'Europe, le climat est très froid et les terres cultivables sont rares. Installés le long des côtes, les Vikings vivaient surtout de la pêche. Un jour, ils ont décidé de prendre la mer pour aller faire du commerce avec d'autres pays et explorer d'autres terres.

91

Sur quels bateaux naviguaient-ils ?

➽ Leurs bateaux étaient des sortes de grandes barques à fond plat qui marchaient à la rame et à la voile. Ces bateaux très rapides appelés « drakkars », pouvaient aussi bien naviguer sur les vagues de la mer que remonter le cours des fleuves.

92

Comment se dirigeaient-ils ?

➽ Les Vikings n'avaient ni carte ni boussole. Ils se dirigeaient en observant la position du soleil ou des étoiles. La présence de nuages ou d'oiseaux leur indiquait la proximité d'une côte. Et le sens des vagues sur la coque leur donnait la direction des courants…

Quel genre de commerce faisaient les Vikings ? 93

➽ Ils embarquaient dans leurs bateaux du poisson séché, des défenses de morse en ivoire, des peaux de bêtes pour les échanger contre d'autres produits. En fait, une fois arrivés dans les autres pays, ils n'échangeaient rien, ils volaient les gens et pillaient les villages.

Qu'est ce qu'ils volaient ? 94

➽ Tout ce qu'ils n'avaient pas dans leurs pays : de l'argent, des bijoux, du blé, du sel, du vin… Mais la bonne affaire, c'était de piller les églises et les monastères qui regorgeaient de fabuleux trésors à l'époque.

Pourquoi personne ne leur résistait-il ? 95

➽ Parce que les Vikings étaient armés jusqu'aux dents ! En plus, ils attaquaient souvent par surprise : pour dévaliser une église ou un monastère, ils choisissaient d'attaquer un jour de fête, quand tout le monde était à la messe, y compris les soldats sans leurs armes.

Qui sont les Vikings ?

96

Qu'est-ce qu'ils faisaient de leurs butins ?

➽ Une fois leurs bateaux pleins de trésors, ils repartaient par la mer dans leurs pays. Mais parfois, trouvant la vie bien meilleure dans ce nouveau pays, ils décidaient de ne plus rentrer chez eux. Ils s'installaient alors définitivement, comme ce fut le cas en Normandie.

98

Est-ce qu'il y avait des femmes Vikings ?

➽ Oui, mais elles ne naviguaient pas. Elles restaient au village pour s'occuper des enfants, de leur maison, des récoltes aussi. Et même si elles étaient aidées par des esclaves, elles avaient fort à faire car leurs maris partaient plusieurs mois avant de revenir !

97

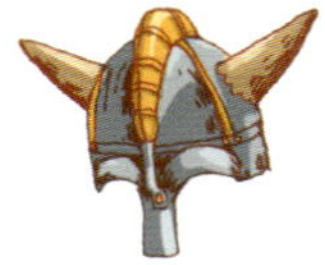

Comment sait-on tout ça ?

➽ Des archéologues ont retrouvé des vestiges de leurs maisons, de leurs bateaux, de leurs tombes.

Il y a aussi des récits écrits par des moines du Moyen Âge, qui ont sans doute un peu exagéré la barbarie des Vikings pour se venger des pillages des églises.

Jusqu'où sont allés les Vikings ?

En naviguant sur les mers et les fleuves, ils ont été de la Russie à la Méditerranée en passant par l'Espagne et l'Angleterre. Ils ont découvert l'Islande, le Groenland… Ils ont même accosté en Amérique du Nord, cinq cents ans avant Christophe Colomb !

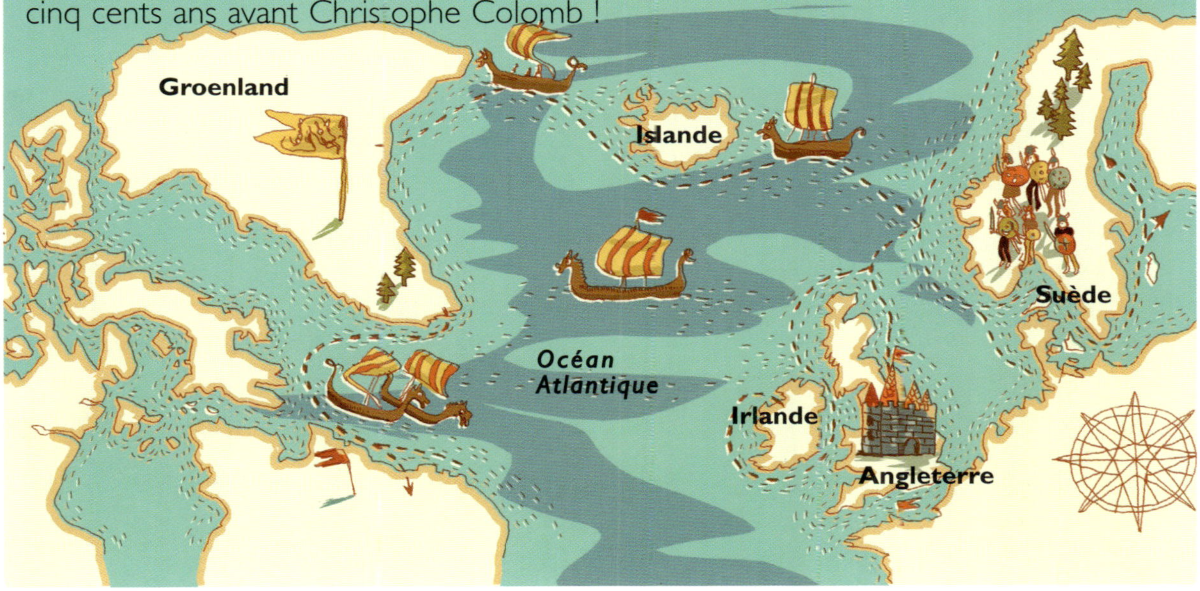

Portraits

Éric le Rouge
Chassé d'Islande pour avoir commis un crime, ce Viking partit à l'aventure sur l'océan Atlantique. Il parcourut 3000 km et finit par accoster sur une terre alors inconnue qu'il appela le Groenland, ce qui veut dire la « terre verte ».

Le sais-tu ?
Pour impressionner les populations qu'ils attaquaient, les Vikings plaçaient des têtes de dragons en bois sculpté à la proue de leurs bateaux. D'ailleurs le nom de drakkar qui a été donné à leurs bateaux vient du mot suédois *drak* qui veut dire « dragon ».

Qui sont les saints ?

Les saints et les saintes sont des hommes et des femmes qui ont fait des choses exceptionnelles, ou ont été martyrisés, persécutés pour leur religion. Pour les chrétiens catholiques et orthodoxes, ce sont des gens admirables, des exemples à suivre.

100

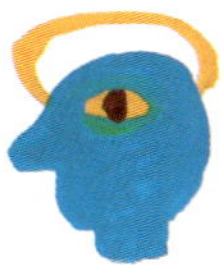

Qui peut devenir un saint ?

➽ N'importe qui peut le devenir, quel que soit son âge, son pays, son métier, mais c'est très difficile ! Tout le monde n'est pas capable de faire des choses si extraordinaires dans sa vie, de vivre de façon exemplaire, au point de mériter de devenir un saint après sa mort.

101

Comment devient-on un saint ?

➽ Le pape, le chef de l'Église catholique, et les évêques qui travaillent avec lui, décident si une personne mérite d'être « canonisée » après sa mort. Canoniser quelqu'un, c'est en faire un saint ou une sainte.

Les saints ont-ils des pouvoirs spéciaux? 102

➽ Pour les chrétiens catholiques et orthodoxes, les saints sont des modèles, des protecteurs et des intermédiaires entre eux et Dieu : en priant les saints qui sont au ciel près de Dieu, ils croient que leurs vœux peuvent mieux se réaliser.

Y a-t-il encore des saints de nos jours? 103

➽ Oui, Mère Teresa, par exemple. C'est une religieuse qui a fait des choses formidables pour aider les gens pauvres et malades en Inde. Pour l'instant, elle a été juste « béatifiée », c'est une « bienheureuse ». C'est la première étape pour devenir une sainte.

Qui sont les saints ?

104

Combien y a-t-il de saints ?

➽ Énormément, près de 35 000 ! Il y a bien plus de saints que de jours dans un calendrier ! Dans les pays catholiques, le 1er novembre, la fête de la Toussaint, fête de « tous les saints », permet d'avoir une pensée pour tous, même ceux dont on a oublié le nom depuis longtemps ! Chaque pays a ses saints préférés : sainte Lucie dans les pays du nord de l'Europe, sainte Jeanne d'Arc en France, saint Casimir en Pologne, saint Antoine en Italie. Mais ni les protestants ni les musulmans n'ont de saints.

105

Pourquoi les chiens sauveteurs s'appellent-ils des saint-bernard ?

➽ Ce gros chien a la réputation d'être un bon sauveteur en montagne. Il porte le nom de saint Bernard, fondateur dans les Alpes de maisons d'accueil où tous les gens perdus ou en danger pouvaient se réfugier.

Portraits

Saint Valentin

C'est le patron des amoureux, mais personne ne sait très bien pourquoi, et qui il était en réalité ! Peu importe, on le fête le 14 février, et ce n'est pas une mauvaise idée !

Sainte Lucie

En Italie et dans le nord de l'Europe, c'est la patronne des non-voyants. Elle est fêtée le 13 décembre. Ce jour-là, la plus jolie jeune fille du village porte une couronne sur la tête avec des bougies, symbole de lumière, et une longue robe blanche, symbole de pureté.

Saint Nicolas

Une légende raconte que cet évêque a sauvé des enfants. Dans les pays du nord de l'Europe, on dit que c'est lui qui apporte le 6 décembre les cadeaux de Noël aux enfants.

Le sais-tu ?
Certaines églises possèdent des « reliques ». Ce sont des ossements, des cheveux d'un saint, ou encore un objet lui ayant appartenu. Conservés dans des reliquaires décorés et exposés dans des vitrines, ces restes sont importants pour les croyants.

Qui sont les chevaliers ?

Ces guerriers du Moyen Âge combattaient à cheval, au service de leur seigneur, pour rendre la justice ou établir la paix. C'étaient des hommes de valeur, fidèles aux valeurs de la chevalerie : la loyauté, le courage, la vaillance, la courtoisie et la générosité.

106

Qui pouvait devenir chevalier ?

➽ Il fallait être fils de chevalier ou de noble, jamais de paysan ! À 7 ans, séparé de sa famille, le futur chevalier entrait comme page au service du seigneur d'un château. Puis, de 12 à 18 ans, il devenait l'écuyer d'un chevalier qui lui enseignait tout.

107

Qu'est-ce que le futur chevalier devait savoir ?

➽ Il devait apprendre à bien monter à cheval et à manier de lourdes armes en portant un grand bouclier. Il devait aussi connaître les règles de politesse et s'exprimer comme il faut. Enfin, il devait être courageux et savoir surmonter sa peur.

108

Comment devenait-on chevalier ?

➽ Vers 18 ans, au cours d'une cérémonie, l'adoubement, le seigneur remettait au futur chevalier son bouclier, son armure, son cheval, ses étriers et son épée en lui disant : « Je te fais chevalier ». Le chevalier lui jurait fidélité et loyauté. C'était un grand jour !

Tous les chevaliers avaient-ils un cheval ? 109

➽ Bien sûr, c'est de là que vient leur nom ! Les plus riches en avaient même plusieurs, qu'ils montaient selon les occasions : un destrier pour les batailles, d'autres pour voyager, pour porter leur équipement, pour les parades…

Où vivait le chevalier ? 110

➽ Dans les châteaux forts. Seuls les chevaliers sans terre, vivaient dans le château de leur seigneur.

Que faisait le chevalier toute la journée ? 111

➽ Quand il ne faisait pas la guerre pour défendre les intérêts de son seigneur, il l'accompagnait à la chasse ou à ses banquets. Et tant qu'il n'avait pas fondé une famille, il participait à des tournois, cherchant la fortune et la gloire.

Qui sont les chevaliers ?

112

À quoi servaient les tournois ?

➽ Participer à un tournoi, c'était un moyen de montrer son courage, de s'exercer au maniement des armes, et surtout de gagner de l'argent : le vainqueur repartait avec le cheval, l'armure et les armes du vaincu, qu'il pouvait ensuite revendre.

113

En quoi étaient faites les armures ?

➽ Elles étaient en métal, elles coûtaient très cher, elles étaient difficiles à enfiler et pouvaient peser trente kilos ! Une fois son armure sur le dos, le chevalier avait besoin de plusieurs écuyers pour l'aider à se mettre en selle.

114

Comment pouvait-il voir avec son casque sur sa tête ?

➽ Aucun problème avec les petits casques posés sur une cagoule en cotte de mailles. Mais avec une armure perfectionnée en plaques de métal articulées, il ne pouvait voir qu'à travers deux petites fentes.

115

Qui sont les chevaliers de la Table ronde ?

➽ Ce sont les chevaliers exceptionnels du roi Arthur, dont des récits très anciens racontent les exploits. On les appelle ainsi parce qu'ils se rassemblaient autour d'une table ronde.

Le sais-tu ?
L'épée était le bien le plus précieux d'un chevalier. Certaines épées avaient même un nom comme Joyeuse, l'épée du roi Charlemagne, Durandal, l'épée du chevalier Roland, Excalibur l'épée du roi Arthur, dont on disait qu'elle brillait comme dix torches !

Qui sont les seigneurs ?

Au Moyen Âge, les seigneurs possédaient les terres autour de leur château : le fief. Ils habitaient dans leur château, ou dans l'un de leurs châteaux s'ils en avaient plusieurs, avec leurs familles et tous les gens qui étaient à leur service.

116

Où vivaient-ils dans leur château ?

➽ Dans la partie du château où ils pouvaient être le plus en sécurité : dans le donjon ou dans un solide logis construit au milieu de la cour. Leur chambre se trouvait tout en haut, au-dessus de la grande salle où se tenaient les banquets et les événements importants.

117

Est-ce que leur vie était confortable ?

➽ Le seigneur et sa famille étaient de loin les mieux lotis ! Leurs lits étaient entourés de lourds rideaux qui leur tenaient chaud, ils avaient des pots de chambre ou des latrines, et ils se baignaient dans de très grands tonneaux.

118

Qu'est-ce qu'ils mangeaient ?

➽ Ils mangeaient ce qui était cultivé dans leur domaine et ce qu'ils chassaient et pêchaient : du poisson, de la viande rôtie à la broche dans la cheminée de la cuisine, du gibier, des fruits, des légumes, du pain cuit dans leur four, et ils buvaient le vin de leurs vignes.

119

Que faisaient-ils toute la journée ?

➽ Quand il n'était pas à la chasse ou à la guerre, les seigneurs devaient gérer leur domaine, le protéger des attaques et des dégradations, rendre justice sur leurs terres. Et pour se distraire, ils organisaient des tournois ou des banquets avec des chanteurs ambulants, les troubadours !

Est-ce que les seigneurs étaient mariés ?

➽ Bien sûr ! Leurs nobles dames s'occupaient des enfants et de toute la maisonnée, elles accueillaient les hôtes de passage, elles assistaient aux tournois du haut de la tribune, courtisées par les chevaliers. Et, pour passer le temps, elles faisaient de la broderie.

120

Le sais-tu ?
Seul le fils aîné d'un seigneur héritait de son fief. Les autres fils pouvaient devenir prêtres ou chevaliers, au service d'autres seigneurs ou de leur frère aîné.

Qui sont les croisés ?

Ces chevaliers chrétiens sont partis, il y a plus de mille ans de cela, faire la guerre aux Turcs musulmans qui occupaient la ville de Jérusalem. Ils voulaient délivrer celle-ci au nom de Dieu, en faire une ville chrétienne. Leurs guerres saintes s'appelaient les croisades.

121

Pourquoi voulaient-ils délivrer Jérusalem ?

➽ Jérusalem est une ville importante pour les chrétiens : c'est là que le Christ est mort. Le pape, le chef des chrétiens, ne voulait pas que Jérusalem soit aux mains d'un peuple, les musulmans, qui obéissait à une autre religion. Il a donc suggéré une croisade, pour la reconquérir.

122

Pourquoi les appelait-on des croisés ?

➽ Parce qu'ils portaient une grande croix cousue sur leurs vêtements, en souvenir de la croix sur laquelle le Christ est mort. Les croisés se considéraient comme des soldats de Dieu : partir en croisade était un acte de foi.

123

Qui organisait les croisades ?

➽ Des princes et des rois ont tout organisé : ils ont recruté les meilleurs chevaliers, et ils ont donné l'argent nécessaire à l'achat des chevaux, des armes, des équipements et des vivres pour le voyage des croisés et aussi pour leur installation en Terre sainte. Mais il y a eu aussi des croisades de pauvres gens partis sans organisation.

Qui a gagné les croisades?

124

➽ Finalement ce sont les musulmans. Les croisades ont duré deux cents ans, faisant beaucoup de morts. Mais elles ont aussi permis aux Européens de découvrir la science, l'art et les richesses de l'Orient, comme les épices, le savon, les bananes…

Portraits

Saladin
Ce sultan musulman a vaincu Richard Cœur de Lion. En plus d'être un excellent guerrier, il avait de grandes qualités et se comportait en seigneur.

Richard Cœur de Lion
Sur les champs de bataille, ce roi se battait comme un lion, d'où son surnom. Il était sur tous les fronts, et bien sûr il est parti en croisade.

Le sais-tu?
Le pape avait dit que ceux qui partiraient en croisade seraient purifiés de leurs péchés et qu'ils iraient au ciel après leur mort. Des milliers de pèlerins, des paysans, des femmes et même des enfants ont voulu suivre les croisés en partant à pied jusqu'à Jérusalem!

Qui sont les navigateurs ?

Qu'ils soient égyptiens, grecs, portugais, italiens ou français, qu'ils soient marins, savants ou guerriers, ces hommes n'avaient qu'un but : découvrir des terres inconnues pour les conquérir et s'enrichir, ou mieux connaître le monde.

125

Quels étaient leurs moyens de transport ?

➜ Les avions, les trains et les bateaux à moteur n'existaient pas ! Ils partaient à pied, à cheval, en chariots tirés par des bœufs, à dos de chameau… Et c'est à bord de voiliers qu'ils naviguaient sur les fleuves et les mers.

126

Ces voyages étaient-ils dangereux ?

➽ Très ! Beaucoup d'explorateurs sont morts avant d'atteindre leur but.

Entre les océans déchaînés, les maladies, le manque de nourriture et d'eau potable, les attaques des populations, leurs voyages n'étaient pas vraiment des vacances !

127

Comment faisaient les navigateurs pour se diriger ?

➽ Les premiers navigateurs calculaient leur position par rapport aux astres, et ils longeaient les côtes pour ne pas perdre la terre de vue. Ils sont devenus plus téméraires quand ils ont eu des cartes et de bons instruments de navigation.

128

Est-ce qu'il y a encore des explorateurs aujourd'hui ?

➽ Oui, mais ils sont différents. Grâce aux images satellites, il n'y a plus de pays à découvrir. S'il reste encore des endroits à explorer, c'est dans les profondeurs des mers, dans les entrailles de la terre ou là-haut dans le ciel !

Qui sont les navigateurs ?

129

À quoi servaient ces expéditions ?

➽ Certains navigateurs partaient découvrir de nouveaux mondes. D'autres voulaient faire fortune ou convertir les populations à la foi chrétienne. Tous ont rapporté de leurs voyages de précieuses informations sur la géographie de notre planète.

Portraits

Marco Polo
À 17 ans, ce jeune Italien est parti en Chine avec son père et son oncle. Il en est revenu 25 ans plus tard, après avoir vécu mille aventures décrites dans le *Livre des Merveilles du monde*.

Ibn Battuta
Parti à 21 ans du Maroc, il a fait le tour de l'Afrique et de l'Arabie au XIVe siècle. Il est peut-être même allé jusqu'à Pékin.

Christophe Colomb
Partant du sud de l'Espagne avec trois bateaux, il voulait atteindre l'Inde en traversant l'océan Atlantique. Il a accosté aux Antilles, au large de l'Amérique…

Ferdinand Magellan
Pour prouver que la Terre était ronde, ce navigateur portugais est parti d'Espagne pour faire le premier tour du monde à la voile. Il est mort pendant son voyage, mais son second a réussi à achever ce tour du monde.

James Cook
Grâce à ses nombreuses expéditions dans le Pacifique, ce navigateur anglais a beaucoup fait progresser la géographie du monde. Il est mort mangé par les Hawaiiens car il n'avait pas respecté leurs coutumes.

Dumont d'Urville
Au XIXe siècle, accostant en terre Adélie, ce navigateur français a découvert l'Antarctique, un immense continent encore inconnu situé au pôle Sud.

Qui sont les empereurs ?

Depuis Auguste, premier empereur romain il y a deux mille ans, jusqu'à aujourd'hui, plusieurs pays ont eu des empereurs. Les plus célèbres étaient les empereurs de Chine. Le Japon est le seul pays à avoir encore un empereur.

130

Quelle est la différence entre les rois et les empereurs ?

➸ Le nom d'empereur a été porté pour la première fois par le Romain Auguste. Il vient du titre donné aux généraux romains vainqueurs : imperator. Par la suite, certains dirigeants comme Charlemagne ou Napoléon ont pris ce titre pour lui ressembler.

131

Les empereurs ont-ils plus de pouvoir que les rois ?

➸ Les empereurs de Chine étaient puissants. Certains empereurs romains étaient terribles : Néron fit assassiner sa mère, sa femme et plusieurs membres de sa famille. On l'accuse aussi d'avoir mis le feu à Rome.

Portraits

Pu-Yi
Le dernier empereur de Chine n'eut pas de chance : couronné à trois ans, il n'a régné que trois ans et a fini sa vie comme simple jardinier dans la ville de Pékin.

Charlemagne
Charles « le Grand » qui s'est fait sacrer empereur d'Occident le 25 décembre 800 à Rome, était aussi le roi des Francs, fils du roi Pépin le Bref.

Auguste
Son vrai nom était Octave, Auguste est son nom d'empereur. C'est en son honneur que le mois d'août, *augustus* en latin, s'appelle ainsi.

Le sais-tu ?
L'empereur du Japon s'appelle Akihito. Il vit dans un palais, il n'a ni couronne ni laurier ni pouvoir politique, mais c'est un personnage important. Le jour de son anniversaire, le 23 décembre, est un jour de fête dans tout le Japon.

Qui sont les rois et les reines ?

Depuis l'Antiquité, des rois et des reines dirigent des pays, il y en a même encore aujourd'hui. En France, soixante rois se sont succédé pendant quatorze siècles. C'était le temps de la monarchie.

132

Comment on devient roi ?

➻ En France, Clovis, le premier « roi des Francs », n'était pas fils de roi : il était le descendant d'un grand chef. Mais tous les rois et les reines qui sont montés sur le trône après lui faisaient partie de la même dynastie, c'est-à-dire de sa famille, ou alors de familles très proches.

133

Être roi, ça voulait dire quoi ?

➻ Entourés de ses conseillers, le roi décidait de nouvelles lois, il rendait la justice, il assurait la paix dans son royaume, il partait à la conquête de nouveaux pays… Aujourd'hui, la fonction de roi a beaucoup changé.

Où vivaient les rois ? 134

➽ Toujours dans des châteaux ou des palais. En France, avant la construction du château de Versailles par Louis XIV, les rois vivaient au Louvre, à Vincennes, en Touraine, à Aix-la-Chapelle et ailleurs encore. Ils avaient souvent plusieurs lieux de résidence !

Pourquoi les rois ont-ils presque tous le même nom ? 135

➽ Parce que, selon la tradition, on donnait au roi le prénom de son père ou celui de son grand-père. Pour les différencier, on a ajouté un adjectif : « le Grand », « le Pieux ». Et on a donné à chacun un numéro : Louis XIV, Louis XV, Louis XVI, etc.

Qui sont les rois et les reines ?

136 **Comment les rois choisissaient-ils leur reine ?**

➽ Le mariage d'un roi était essentiel pour faire des alliances avec d'autres pays. Il arrivait alors qu'on le marie à 14 ou 15 ans avec une très jeune princesse étrangère.

137 **Comment un roi en remplaçait un autre ?**

➽ À la mort du roi de France, son fils aîné, dit « le dauphin », devait le remplacer. Mais parfois son frère ou son arrière petit-fils prenait sa place. Certains rois mouraient dans leurs lits, d'autres à la chasse, à la guerre, ou ils étaient assassinés comme Henri IV !

138 **Est-ce qu'il y a encore des rois aujourd'hui ?**

➽ Aujourd'hui, beaucoup de pays d'Europe sont des monarchies : l'Angleterre, l'Espagne, la Belgique, le Danemark, la Suède… Il y a aussi un roi au Maroc, en Arabie saoudite, dans certains pays d'Asie. Ces rois et ces reines sont bien différents de ceux d'autrefois.

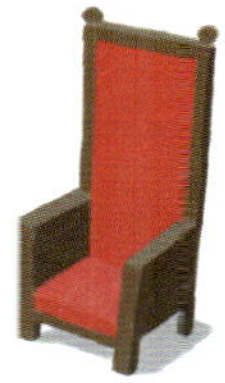

139

Comment vivaient les enfants des rois ?

➽ Les princes et princesses de sang royal avaient une vie bien plus privilégiée que les autres enfants. Ils avaient de bonnes manières, ils recevaient une bonne instruction, surtout les garçons qui devaient se tenir prêts à monter sur le trône, parfois à 5 ans !

Portraits

Clovis
Il s'est converti au catholicisme et il a été baptisé avant de se faire sacrer roi à la basilique de Reims. C'est d'ailleurs là que presque tous les rois de France ont été sacrés.

Elizabeth Ire d'Angleterre
Elle régna sur son pays pendant plus de 40 ans. Elle ne s'est jamais mariée et n'a jamais eu d'enfant pour se consacrer totalement à son pays.

? Le sais-tu ?
Les Rois mages étaient trois, Melchior, Gaspard et Balthazar. Ils ont suivi une étoile dans le ciel qui les a guidés jusqu'à l'Enfant Jésus. Ce n'était pas de vrais rois et c'est en leur honneur qu'on mange la galette des rois !

Qui sont les mousquetaires ?

C'est ainsi qu'on appelait, au temps des rois de France, ces gentilshommes qui faisaient partie du plus prestigieux des corps d'armée : celui des mousquetaires de la maison du roi. Ils étaient fiers, courageux et disciplinés. Tout le monde les admirait !

140

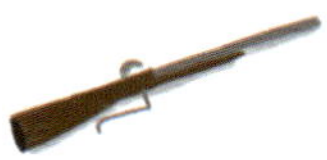

Pourquoi portaient-ils ce drôle de nom-là ?

➽ Après s'être appelé un temps les « mousquetons du roi », ils sont devenus les « mousquetaires ». Ces noms très proches ont la même origine : le mousquet, une sorte de carabine avec laquelle ils pouvaient tirer sans descendre de cheval.

141

Que faisaient-ils ?

➽ Les mousquetaires étaient chargés de veiller sur le roi dès qu'il mettait un pied hors de chez lui : ils escortaient son carrosse lors de tous ses déplacements, ils paradaient à côté de lui pendant les défilés, et ils l'accompagnaient sur les champs de bataille. Contrairement au titre du roman écrit par Alexandre Dumas *les Trois Mousquetaires*, ils n'étaient pas trois, mais plus d'une centaine !

142

Est-ce qu'il se battaient souvent ?

➽ Oui, et ils maniaient très bien les armes. Mais ils étaient aussi d'excellents fantassins, c'est-à-dire des soldats à pied. Il fallait bien ça pour assurer la sécurité du roi !

Le sais-tu ?
Avec leurs célèbres grosses bottes à larges revers, les mousquetaires ne pouvaient pas rentrer dans les appartements du roi sans abîmer les jolis parquets. D'autres corps de garde assuraient la sécurité du roi à l'intérieur, ils étaient chaussés d'escarpins…

Qui sont les mousquetaires ?

Portraits

D'Artagnan, Athos, Porthos et Aramis
Ces quatre fameux mousquetaires sont les héros d'un roman de cape et d'épée d'Alexandre Dumas. Leurs aventures sont inspirées de la vie de vrais mousquetaires.

Qui sont les courtisans ?

C'est ainsi qu'on appelait l'entourage proche d'un roi, sa cour. Les rois ont toujours été entourés de leur cour, mais c'est au château de Versailles, autour de Louis XIV, que les courtisans ont été les plus importants.

143

Qui étaient les courtisans ?

➼ C'étaient des nobles qui avaient un certain pouvoir dans leurs régions. En les traitant « royalement » à sa cour, le roi pouvait les surveiller de près et s'assurer qu'ils n'auraient pas la mauvaise idée de monter une révolte contre lui !

144

Est-ce qu'ils étaient nombreux à Versailles ?

➼ À Versailles, il y en avait plusieurs milliers ! Faire partie de la cour du roi était un honneur pour les courtisans. En plus, étant près du roi, ils pouvaient plus facilement obtenir ses faveurs : il suffisait de se faire remarquer par lui ou de le flatter. Deux ailes du château leur étaient réservées : les courtisans les moins importants occupaient des petites chambres ; les autres, des appartements.

Comment les courtisans se faisaient-ils remarquer ? 145

➽ Ils devaient être élégants, avoir de l'esprit et de bonnes manières. Ensuite, il fallait être sur la liste de ceux qui avaient l'autorisation d'assister à la journée du roi : à son lever, à son dîner, à ses promenades dans le parc...

Que faisaient-ils quand le roi n'était pas là ? 146

➽ Les courtisans accompagnaient le roi partout ! Tout était organisé pour qu'ils ne s'ennuient pas : ils participaient à des réceptions, à de grandes fêtes, assistaient à des pièces de théâtre, écoutaient de la musique, dansaient, jouaient au billard.

Le sais-tu ?
Au temps de Louis XIV, la télé et le cinéma n'existaient pas ! Alors à Versailles, trois soirs par semaine, il y avait les « Jours d'appartement » : le roi invitait tous ses courtisans à se distraire autour de buffets et de tables de jeux où ils perdaient beaucoup d'argent !

Qui sont les pirates et les corsaires ?

Qu'ils soient pirates ou corsaires, ces marins, voleurs, violents et cruels, ont semé la terreur sur les mers et les océans en attaquant des bateaux et en dépouillant les gens à bord, avant de les tuer souvent.

147 Qui étaient ces pirates ?

➽ Certains étaient des criminels ou des esclaves en fuite, d'autres de misérables mendiants, des soldats déserteurs, des aventuriers avides d'argent, des gens prêts à tout pour s'enrichir le plus possible.

148 Quelle est la différence entre un pirate et un corsaire ?

➽ Le pirate est un hors la loi, un criminel, un forban qui attaque tous les bateaux pour s'enrichir : s'il se fait prendre, il est pendu.
Le corsaire est chargé par le roi de piller les bateaux ennemis et de les saborder, en toute impunité évidemment !

Pourquoi y a-t-il une tête de mort sur le drapeau des pirates? 149

➽ Ce «pavillon noir» était fait pour impressionner et terrifier ceux qu'ils attaquaient. Mais tous les drapeaux de pirates n'étaient pas noirs : certains étaient rouge sang, d'autres avaient un crâne et deux sabres dessinés dessus, d'autres encore un squelette.

Pourquoi certains pirates avaient une jambe de bois? 150

➽ Sur les bateaux, les chirurgiens amputaient souvent les pirates blessés pour les sauver d'une mort certaine par infection. Ils leur mettaient un pilon en guise de jambe ou un crochet en guise de bras, et les pirates étaient bien contents d'être toujours vivants!

Qui sont les pirates et les corsaires ?

151

Pourquoi les pirates criaient-ils « à l'abordage ! » ?

➜ Pour se donner du courage ! Ils poussaient ce cri de guerre en sautant sur le pont des bateaux qu'ils attaquaient, bord contre bord. Mais il fallait d'abord qu'ils réussissent à s'en approcher tout près en évitant leurs coups de canon.

Qui sont les pirates et les corsaires ?

152

Est-ce qu'ils étaient vraiment ivrognes ?

➼ Oui, ils buvaient souvent beaucoup trop ! Quand ils étaient à terre, ils se saoulaient pour oublier qu'ils avaient frôlé la mort sur l'eau. Et à bord de leurs bateaux, quand il n'y avait plus rien à manger, il leur restait toujours suffisamment de rhum à boire.

153

Où cachaient-ils leurs trésors ?

➼ Dans leurs repaires, des grottes secrètes sur des îles lointaines. Ils indiquaient leur emplacement sur des « cartes aux trésors » qu'eux seuls pouvaient comprendre. On raconte que certains trésors oubliés y seraient encore cachés…

Portraits

Barbe noire
Ce pirate terrifiant doit son surnom à sa barbe épaisse dans laquelle il faisait brûler des allumettes de soufre pour la rendre encore plus impressionnante.

Long John Silver
Ce pirate unijambiste, et qui a toujours un perroquet sur son épaule, est le chef des pirates du célèbre roman de Robert Louis Stevenson : *l'Île au trésor.*

Anne Bony et Marie Read
Des femmes pirates, c'était très rare ! C'est pour cela qu'elles sont célèbres. À bord des bateaux, elles se déguisaient en homme pour passer inaperçues.

Le sais-tu ?
Le capitaine Crochet, bien connu des enfants, est un pirate imaginaire. Il doit son nom au crochet qui remplace son bras mangé par un crocodile.

Qui sont les cow-boys ?

Ces « gardiens de vaches » étaient employés dans les ranchs des éleveurs de bétails d'Amérique du Nord pour s'occuper de troupeaux de vaches qui étaient souvent gigantesques.

154

Tous les cow-boys montaient-ils bien à cheval ?

➽ C'étaient tous de vrais champions, des cavaliers hors pair ! Bien monter était pour eux une question de sécurité : s'ils tombaient de leur monture au milieu du troupeau, ils risquaient de se faire piétiner et de perdre la vie !

155

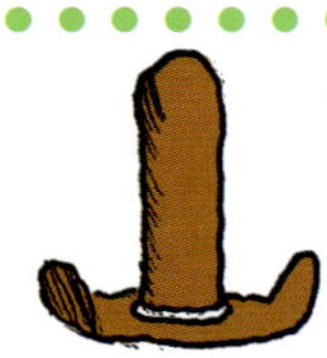

Pourquoi avaient-ils toujours un chapeau ?

➽ Sans leur chapeau qui les protégeait du soleil et de la pluie, les cow-boys ne seraient pas des cow-boys ! Ils avaient aussi un foulard pour se protéger le visage de la poussière et des gants pour protéger leurs mains des brûlures du lasso.

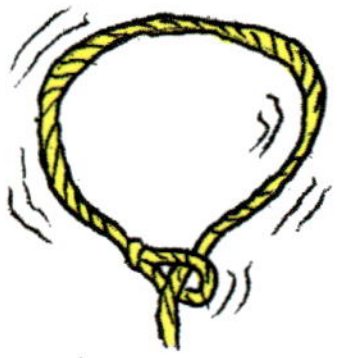

À quoi leur servait leur lasso? 156

➽ Ils l'utilisaient pour capturer les chevaux sauvages, ou ramener un bœuf éloigné du troupeau. C'était tout un art d'arriver à lancer correctement cette corde en faisant passer le nœud coulant autour du cou de l'animal pour l'attraper!

À quoi ressemblaient leurs maisons? 157

➽ Beaucoup n'en avaient pas. Quand ils travaillaient au ranch, le propriétaire les installait dans une grange inconfortable, avec des matelas posés sur le sol. Quand ils partaient convoyer des troupeaux, ils dormaient à la belle étoile…

Ils faisaient quoi quand ils ne travaillaient pas? 158

➽ Certains traînaient dans les saloons sans rien faire. D'autres gagnaient un peu d'argent en travaillant dans des fermes et en participant à de dangereux rodéos, où ils devaient chevaucher un bœuf furieux sans se faire désarçonner.

Qui sont les cow-boys ?

159

En quoi consistait leur travail ?
Ils travaillaient surtout au printemps et en été. Ils rassemblaient les animaux, marquaient les veaux au fer rouge pour qu'ils ne soient pas volés, convoyaient les troupeaux jusqu'aux trains qui les transportaient vers les abattoirs des grandes villes.

Être cow-boy, c'était un métier difficile ? 160

➤ C'était plus fatigant que difficile. Il fallait être jeune, costaud et aimer l'aventure pour accepter de rester trois mois à cheval du matin au soir pour conduire un troupeau à mille kilomètres, et avoir un salaire de misère !

Qui sont les cow-boys ?

161 

Est-ce qu'ils étaient riches ?

➼ Pas vraiment, d'autant que l'argent qu'ils avaient gagné était vite dépensé en alcool et en tabac ! Beaucoup de cow-boys n'avaient même pas de quoi s'acheter un cheval. Les seules choses qu'ils possédaient, c'était leur selle, leurs gants et leurs éperons.

162 

Pourquoi les cow-boys se battaient au pistolet ?

➼ Les cow-boys étaient de gros durs. Au ranch, on leur confisquait leur arme pour éviter les bagarres. Mais en dehors du travail, dès qu'ils avaient bu un coup de trop, ils s'énervaient et ils avaient la gâchette facile !

163 

Est-ce que les cow-boys étaient des voyous ?

➼ C'était plutôt des gens rustres, des jeunes qui n'avaient ni instruction, ni éducation. Parfois ils volaient du bétail à des éleveurs pour gagner de l'argent, ou ils tuaient des gens par vengeance. Ils devenaient alors des hors-la-loi.

Portraits

Buffalo Bill
Comme il connaissait bien les aventures de cow-boys et d'Indiens, il créa un grand spectacle sous un chapiteau, avec chasse aux bisons, attaque de diligences, rodéos… Ce show très célèbre fit le tour des États-Unis et de l'Europe !

Calamity Jane
Habillée en homme, très habile au revolver, n'ayant peur de rien ni de personne, cette célèbre aventurière chevauchait les plaines sans arrêt, conduisant l'armée sur la piste des Indiens ou élevant et convoyant du bétail.

Le sais-tu ?
Lucky Luke, le célèbre cow-boy de bande dessinée, « tire plus vite que son ombre ». Certains personnages de ses albums, les frères Dalton, Billy the Kid, Jessie James ont vraiment existé. Pas tout à fait comme ça, bien sûr !

Qui sont les Indiens ?

Quand il a accosté en Amérique, pensant qu'il avait découvert l'Inde, Christophe Colomb a donné le nom d'Indiens aux indigènes qui vivaient là-bas. Avec l'arrivée des Européens, ces Indiens ont tout perdu : leurs terres et, parfois, la vie.

164

Y avait-il beaucoup d'Indiens à l'époque ?

➸ On ne croisait pas un Indien à chaque pas, car l'Amérique du Nord est un territoire immense ! Mais leurs tribus occupaient un peu toutes les régions : ici les Hurons, là les Apaches, ailleurs les Iroquois, les Navajos, les Comanches….

165

Pourquoi habitaient-ils sous des tipis ?

➸ Seuls les chasseurs nomades, qui devaient vite plier bagage pour suivre les troupeaux de bisons, habitaient sous des tipis. Les maisons des Hopis étaient en boue séchée et en paille. Les Hurons vivaient à plus de dix familles dans de grandes maisons en bois.

De quoi vivaient-ils ? 166

Tout dépendait de l'endroit où ils habitaient. Les Indiens nomades des plaines chassaient le bison pour sa viande et sa peau. D'autres Indiens, qui vivaient dans les montagnes, chassaient les ours. D'autres encore étaient agriculteurs et ils cultivaient du maïs.

Qui sont les Indiens ?

167 Où trouvaient-ils ce dont ils avaient besoin ?

➽ Ils trouvaient tout dans la nature et ils fabriquaient beaucoup de choses avec leurs mains. Comme ils n'avaient pas d'argent, ils faisaient des échanges entre eux : une peau d'ours contre des bijoux, par exemple…

168 Pourquoi avaient-ils des plumes sur la tête ?

➽ Ces plumes avaient une signification particulière en fonction de leur forme, de leur couleur, de leur nombre. Quand deux Indiens se rencontraient, rien qu'en regardant leurs plumes, ils savaient tout de suite à quel genre de guerriers ils avaient à faire !

Dans une tribu, le chef était-il le plus vieux ? 169

➼ Ce n'était ni le plus vieux, ni le plus riche, mais le plus brave, le plus sage, le plus courageux ! Quand un chef mourait, la tribu choisissait qui devait le remplacer. Chez les Indiens, on n'était pas chef de père en fils. Il fallait être quelqu'un de bien !

Les Indiens d'Amérique avaient-ils une religion ?

➼ Les Indiens considéraient que toutes les forces de la nature étaient des dieux. Ils faisaient des offrandes à la Terre-Mère, exécutaient des danses en l'honneur de la pluie ou du soleil, du vent, du tonnerre et de Wakatanka, le dieu de la Chasse.

170

Qui sont les Indiens ?

171

Quelle langue parlaient-ils ?

➽ Chaque tribu ayant sa propre langue, il leur était impossible de communiquer entre eux ! Les Indiens avaient pourtant mis au point un langage simple, en faisant des gestes avec leurs mains. Ces gestes disaient par exemple : ami, paix, chef, cheval, bison…

172

Où sont les Indiens aujourd'hui ?

➽ Au XIXe siècle, pour s'installer sur leurs terres, les Européens ont massacré leurs bisons, ils ont tué les Indiens, ou les ont parqués dans de sinistres réserves. Les descendants des rares survivants vivent au Canada et aux États-Unis.

Portraits

Red Cloud
Ce grand chef sioux s'est battu pendant des années contre l'armée américaine qui voulait se frayer un passage jusqu'à des mines d'or situées sur son territoire.

Cochise
Ce grand chef apache très brave ne réussit pas à sauver son peuple des attaques des Blancs, et il finit sa vie enfermé dans une réserve.

Sitting Bull
Sa tribu lui a donné ce nom qui veut dire « bison assis », car c'était un grand chasseur qui ne reculait jamais devant un bison.

Géronimo
Il fut l'un des derniers grands chefs apaches à résister contre les Blancs. Mais malgré son grand courage, il dut se rendre.

Le sais-tu ?
Les Inuits, que certains appellent encore des Esquimaux, sont aussi des Indiens, des Indiens du Grand Nord ! Les mots canoë, kayak, parka et anorak sont des mots indiens qui sont passés dans notre langage courant.

Qui sont les esclaves ?

Au XVIe siècle, en colonisant les pays d'Amérique, les Européens ont eu besoin de main-d'œuvre pour les servir et travailler dans leurs champs. Ils ont fait venir des millions d'Africains pour en faire leurs esclaves. Cette « traite des Noirs » a duré des années !

173 

Comment les esclaves étaient-ils capturés ?

➽ Des marchands blancs capturaient des hommes et des femmes dans les villages africains. Après des jours de navigation dans des conditions inhumaines, les esclaves étaient vendus sur des marchés comme du bétail. Plus ils étaient robustes, plus ils valaient de l'argent. Une fois achetés, les esclaves travaillaient dans les champs de coton ou les plantations de canne à sucre.

Est-ce que ces esclaves étaient toujours mal traités ? 174

➽ Ceux qui travaillaient dans les champs avaient la vie la plus dure : ils habitaient dans de pauvres cases, ils recevaient des coups de fouet s'ils désobéissaient. Et quand ils étaient vieux ou s'ils tombaient malades, ils avaient bien peu de chance de survivre.

Quand on était esclave, c'était pour la vie ? 175

➽ En général oui, et les enfants des esclaves étaient esclaves aussi ! Certains maîtres, plus généreux que d'autres, libéraient parfois un esclave en lui donnant de quoi s'acheter une maison et un champ : on disait que cet esclave était « affranchi ».

Qui sont les esclaves ?

176 **Les esclaves ne pouvaient-ils pas s'échapper ?**

➽ Certains ont essayé, mais sans argent, sans papier, et avec leur couleur de peau, ils ne pouvaient pas aller bien loin ni se cacher très longtemps. On appelait ces esclaves en fuite des « nègres marrons ».

177 **Et s'ils étaient repris ?**

➽ Quand des esclaves s'enfuyaient, on payait des chasseurs d'esclaves pour aller à leur poursuite. Lorsqu'ils étaient repris, on les ramenait à leur « maître » et ils étaient sévèrement punis, battus, enchaînés et même parfois tués.

L'esclavage existe-t-il encore ?

178

L'esclavage a été aboli il y a presque 200 ans aux États-Unis et dans les colonies françaises et anglaises, heureusement ! Mais dans certains pays aujourd'hui, des gens vivent et travaillent encore comme des esclaves, privés de liberté, obligés de faire un travail très dur, voire inhumain.

Portraits

Harriet Tubman
Cette femme noire américaine est née esclave. Elle a réussi à s'échapper de la plantation dans laquelle elle travaillait et a ensuite aidé des centaines d'esclaves à retrouver leur liberté, y compris ses frères et sœurs.

Toussaint Louverture
Après avoir été affranchi, cet esclave noir est devenu planteur dans l'île de Saint-Domingue. Il est célèbre pour avoir lutté en faveur de l'abolition de l'esclavage.

Le sais-tu ?
Bien avant la traite des Noirs en Amérique, les Chinois, les Égyptiens, les Grecs, les Romains et les Arabes employaient des esclaves : des hommes, des femmes et parfois des enfants, qu'ils achetaient dans des marchés aux esclaves, comme on achète des animaux !

Qui sont les tsars ?

Les tsars étaient les souverains de la Russie d'autrefois. Le mot « tsar » vient du mot latin *caesar*, qui était utilisé pour les empereurs romains. Les tsars se sont succédé pendant près de 400 ans à la tête de la Russie.

179 Qui décidait qui serait le tsar ?

➽ Le tsar n'était pas élu par les habitants de son pays, comme on élit un Président aujourd'hui. Comme pour les rois, à la mort d'un tsar, son fils, son frère, son neveu, quelqu'un de sa famille en tout cas, prenait sa place, même s'il n'avait que un an !

180 Où habitaient-ils ?

➽ Les tsars ont d'abord vécu dans la ville de Moscou, jusqu'à ce que le tsar Pierre Le Grand décide de faire construire la ville de Saint-Pétersbourg, avec plusieurs magnifiques palais aux murs recouverts de dorures. C'est là que tous les tsars ont habité ensuite.

181

Une fille aussi pouvait devenir tsar ?

Seulement si c'était la veuve d'un tsar ! Elle prenait alors le titre de tsarine. Il y a eu de nombreuses tsarines à la tête de la Russie. L'une d'entre elles, Catherine II, a même fait assassiner son mari pour monter sur le trône à sa place !

Portraits

Ivan le Terrible
Il fut le premier tsar de Russie. Il était violent, cruel, il faisait régner la terreur autour de lui. Il a même assassiné son fils !

Pierre le Grand
Il mesurait 2 m de haut, mais c'est parce qu'il a fait de grandes choses pour la Russie qu'on lui a donné ce surnom.

Le sais-tu ?
Les tsars du XIXe siècle aimaient beaucoup aller au cirque. À cette époque-là, les cirques étaient des bâtiments fixes, construits en bois ou en pierre. Un beau cirque a donc été construit à Saint-Pétersbourg pour que le tsar et sa famille puissent se distraire.

Qui sont les maharadjahs ?

Le mot maharadjah signifie « Grand Roi », un titre bien mérité, car les maharadjahs qui vivaient autrefois en Inde étaient les chefs de véritables petits royaumes. Aujourd'hui, les choses ont bien changé.

182

Où vivaient les maharadjahs ?

➽ Les maharadjahs habitaient avec leurs familles, leurs gardes et leurs serviteurs dans de fabuleux et immenses palais, magnifiquement décorés du sol au plafond. On peut encore admirer ces merveilles dans une région de l'Inde qui s'appelle le Rajasthan.

183

À quoi ressemblaient-ils ?

➽ Ils s'habillaient comme des princes, avec de beaux costumes en tissus brodés de pierres précieuses. Ils portaient un grand turban sur la tête et de longs colliers de diamants ou de perles. Il faut dire qu'ils étaient très riches.

Comment vivaient-ils ? 184

➽ Leur vie n'était que luxe et plaisir : ils organisaient des fêtes, ils chassaient le tigre à dos d'éléphant, installés dans des palanquins en osier ou en argent massif, ils roulaient dans les voitures les plus chères du monde, ils voyageaient…

Est-ce qu'il y a encore des maharadjahs ? 185

➽ Oui, mais leur vie a changé ! S'ils ont gardé leur titre, si certains sont encore riches, ils n'ont plus les pouvoirs qu'ils avaient avant. Ils s'habillent normalement et pour gagner leur vie, beaucoup ont transformé leurs palais en hôtels de luxe.

Portraits

Jai Singh II
Ce grand maharadjah, passionné d'astronomie, n'avait que 13 ans quand il monta sur le trône. Il a fait construire la ville de Jaipur, capitale du Rajasthan.

Udai Singh
Ce maharadjah est célèbre pour avoir lutté contre tous ses voisins, des princes musulmans, et avoir fondé la ville de Jodhpur. Un jour qu'il chassait au bord d'un lac, il rencontra un saint homme et lui demanda des conseils. Le sage lui dit de fonder une ville dans une île près de ce lac. Ce fut Udaipur, une des plus belles villes du Rajahstan, en Inde du Nord.

? Le sais-tu ?
Dans le palais du Vent à Jaipur, des écrans aux fenêtres permettaient aux femmes du maharadjah, autrefois obligées de rester enfermées à l'intérieur, d'observer discrètement les cérémonies et les fêtes dans les rues, sans jamais être vues.

Qui sont les savants ?

Depuis toujours, l'homme tente de percer les secrets des étoiles ou les mystères du corps humain. Heureusement, car sans les savants, célèbres ou non, hommes ou femmes, notre vie sur la Terre ne serait pas ce qu'elle est.

186 Comment devient-on un savant ?

➻ On ne le devient pas par hasard ! Il faut beaucoup étudier, beaucoup travailler, souvent avec d'autres savants, et avoir l'esprit curieux pour devenir un scientifique reconnu, en médecine, en physique, en chimie, en biologie, en mathématiques ou en astronomie…

187 À quoi servent leurs inventions ?

➻ Les hommes ont vite compris en quoi leurs découvertes scientifiques ou technologiques pouvaient améliorer leur vie ou la rendre plus facile. Aujourd'hui, ils se demandent s'ils ne sont pas allés trop loin, avec la bombe atomique ou le clonage…

Portraits

Galileo Galilée
Après avoir étudié les mathématiques, il se passionna pour l'astronomie : grâce à la longue lunette qu'il a fabriquée lui-même, il a été le premier à voir la surface de la Lune !

Isaac Newton
On raconte que c'est en observant une pomme tomber d'un arbre que ce grand savant anglais finit par comprendre pourquoi la Lune tourne toujours autour de la Terre…

Charles Darwin
Après être parti faire des observations aux quatre coins du monde, ce naturaliste anglais s'est rendu célèbre pour ses idées sur l'évolution des animaux et des plantes.

Qui sont les savants ?

Portraits

Louis Pasteur
En trouvant comment éliminer un certain nombre de microbes responsables de maladies et en développant le vaccin contre la rage, il a sauvé bien des vies !

Marie Curie
Elle et son mari, Pierre Curie, ont consacré leur vie à la physique. Et en 1903, leurs travaux ont été récompensés par un prix prestigieux : le prix Nobel de physique.

Albert Einstein

On le considère comme le plus grand savant de son siècle. C'était un génie de la physique et, sans ses travaux, beaucoup d'avancées technologiques n'existeraient pas.

James Watson et Francis Crick

Ces deux savants ont fait l'une des découvertes les plus importantes du XXe siècle pour le développement de la génétique, qui allait permettre de soigner de nombreuses maladies.

? Le sais-tu ?

La microchirurgie, la découverte de l'infiniment petit, les robots, les ordinateurs, les satellites, les traitements contre les maladies mortelles et bien d'autres choses n'existeraient pas sans le travail des savants et des chercheurs. Et c'est loin d'être fini !

Qui sont les grands inventeurs ?

Depuis le feu, inventé aux temps préhistoriques, jusqu'aux fusées pour aller sur la Lune, en passant par le papier, la boussole, les médicaments ou le macadam des routes, les hommes n'ont pas arrêté d'inventer des choses qui ont fait progresser l'humanité.

188

À quoi ça sert d'inventer des choses ?

➽ Les grandes inventions servent toujours à quelque chose : à mieux comprendre et à explorer le monde, à améliorer le confort des gens, à les soigner ou à les guérir, à communiquer, à faciliter leurs déplacements, à économiser leur temps ou leurs forces…

189

Qu'est-ce qui est inventé autour de nous ?

➽ Tout ! L'ampoule électrique, la fermeture Éclair, le papier des pages de ce livre, le téléphone, le cinéma… Toutes ces choses dont on ne peut plus se passer aujourd'hui n'existaient pas avant d'avoir été inventées !

190

Comment fait-on pour inventer quelque chose ?

➽ Les idées géniales sont rarement le fruit du hasard. Inventer quelque chose demande beaucoup de travail, une grande imagination, de la créativité, du courage, de la patience et surtout de la persévérance : les inventions ne réussissent jamais du premier coup.

191

Tout ce qui a été inventé existe encore ?

➽ Les inventions très anciennes sont aujourd'hui dans les musées. Au fil des ans, des inventions plus performantes les ont remplacées. La locomotive à vapeur inventée en Angleterre était révolutionnaire en son temps, aujourd'hui on voyage en TGV !

192

Est-ce qu'on peut encore inventer des choses ?

➽ Bien sûr ! Un jour, les aveugles pourront peut-être voir grâce à des lunettes spéciales, les voitures voleront, qui sait ? Impossible de savoir ce que nous réserve le futur, mais les inventeurs du monde entier sont déjà au travail sur des projets incroyables !

Portraits

Les frères Lumière
Auguste et Louis inventent le « Cinématographe ». En 1895, ils organisent la première projection publique de l'histoire du cinéma, dans un café à Paris, devant… 35 personnes !

Thomas Edison
Il a inventé l'ampoule électrique, une machine à copier, une machine à dicter, le phonographe… Aux États-Unis, il a déposé plus de 2 000 brevets !

Les frères Wright
Ces deux frères américains sont des pionniers géniaux de l'aviation. Sans eux, sans leur travail, sans leurs essais, souvent au péril de leur vie, l'aviation ne se serait sans doute pas développée si vite.

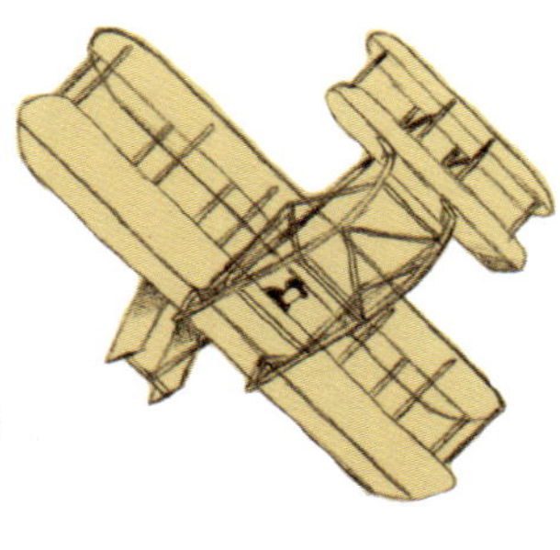

Graham Bell
En 1876, cet Américain met au point un appareil avec lequel il communique avec son assistant situé dans une autre pièce. Il vient d'inventer le premier téléphone !

Alexander Fleming
Ce médecin britannique a découvert le premier antibiotique.
Sa « pénicilline » a permis de guérir de nombreuses maladies infectieuses qui faisaient mourir tant de gens.

Le sais-tu ?
Pour qu'un inventeur puisse prouver que son invention lui appartient, il suffit qu'il ait « déposé» un brevet de cette invention. C'est un papier officiel à son nom, avec le descriptif de son invention, qui prouve qu'il en est l'inventeur, le propriétaire.

Qui peut devenir une star ?

Ça veut dire quoi être écolo ?

Les sportifs ont-ils tous les mêmes chances ?

Aventurier, c'est un métier ?

Pourquoi faut-il économiser l'eau ?

À quoi reconnaît-on un espion ?

Pourquoi c'est génial d'être une star ?

Qui sont les personnages d'aujourd'hui ?

Questions 193 à 213

Qui sont les aventuriers ?

En solitaire ou à plusieurs, à pied avec un simple sac à dos, à vélo ou en tandem, en bateau, en avion, en ballon ou avec des chiens de traîneau, l'aventurier ou l'aventurière accomplit son exploit en allant jusqu'au bout du monde ou jusqu'au bout de lui-même !

193

Aventurier, c'est un métier ?

➽ Pas du tout ! Mais comme il faut bien qu'ils gagnent de l'argent pour vivre, pour payer tous les gens qui travaillent avec eux et pour acheter le matériel dernier cri dont ils ont besoin, les aventuriers sont obligés d'être aussi écrivain, cinéaste, conférencier dans les écoles…

194

Comment on devient aventurier ?

➽ Tout dépend de la personne et du genre d'aventure. On peut partir à l'aventure pour changer de vie, pour découvrir d'autres horizons, pour se surpasser, pour battre un record, pour attirer l'attention sur quelque chose, ou encore pour faire avancer la science.

195

C'est à la portée de tout le monde ?

➽ Oui et non ! Les aventuriers ne sont pas des surhommes ! Ce sont des gens normaux. Mais pour arriver au bout d'une aventure, il faut vraiment avoir une motivation hors du commun, une volonté de fer et s'être préparé physiquement comme un champion.

196

Est-ce que c'est dangereux ?

➽ Naviguer sur des mers déchaînées, escalader un très haut sommet ou traverser seul un désert, c'est forcément prendre des risques ! Aujourd'hui, ces risques sont limités car les équipements sont très perfectionnés, et les aventuriers peuvent être localisés grâce aux satellites.

Qui sont les aventuriers ?

Portraits

Ellen MacArthur
Elle est incroyable, cette navigatrice anglaise ! Elle s'attaque à tous les records du monde de vitesse. Elle a d'ailleurs gagné celui du tour du monde, en solitaire !

Nicolas Vannier
Pendant 25 ans, il est parti à l'aventure dans le Grand Nord, pour mieux expliquer ensuite en quoi la Terre est en danger et pourquoi il est urgent de changer nos comportements.

Steve Fosett
Ce milliardaire américain a collectionné les records : la traversée de la Manche à la nage, le tour du monde en ballon ou en avion sans escale, en moins de trois jours et à 60 ans !

Mike Horn
À la seule force de ses muscles, sans jamais utiliser d'engin à moteur, il a fait le tour du monde en suivant l'équateur à pied, à vélo et en bateau, soit 40 000 km en 16 mois… Pour lui, rien n'est impossible !

? Le sais-tu ?
Les grandes courses à la voile sont des aventures qui coûtent très cher ! Sans l'aide précieuse de « sponsors », des sociétés qui donnent de l'argent pour que leur nom apparaisse sur la voile du bateau ou les T-shirts de l'équipage, ces courses ne seraient pas possibles.

Qui sont les sportifs ?

Partout dans le monde, des athlètes de haut niveau, hommes ou femmes, consacrent leur vie au sport qu'ils ont choisi de pratiquer en compétition, avec l'espoir de devenir les meilleurs du monde dans cette discipline.

197 Les sportifs ont-ils tous les mêmes chances ?

➽ Non, à cause de l'argent. S'équiper au top niveau, s'entraîner avec un bon coach, participer à des compétitions, cela coûte très cher. Dans les pays pauvres, sans argent, sans « sponsor » pour l'aider financièrement, un sportif a plus de mal à s'entraîner.

198 Est-ce que les règles des jeux sont les mêmes dans tous les pays ?

➽ Oui ! C'est indispensable pour que ce ne soit pas l'anarchie sur un stade, un terrain, une piste ou un circuit. Quel que soit le pays, un même sport se pratique selon des règles précises définies par la Fédération internationale dont il dépend.

Comment peut-on être sportif et handicapé ? 199

➽ Les athlètes ne gagnent pas qu'avec leurs muscles ! Il leur faut aussi du courage, de la volonté et un grand sens de l'effort. Et ça, les handicapés n'en manquent pas. Mais réussir à être champion dans un « handisport », c'est admirable !

Est-ce que les sportifs sont riches ? 200

➽ Pas tous. Les plus riches sont champions dans un sport qui attire les foules et les téléspectateurs, comme le football, le tennis ou le base-ball. En plus, ils touchent souvent de l'argent de grandes marques de chaussures, de vêtements…

Portraits

Tony Parker
Ce basketteur est l'un des seuls joueurs français à réussir dans le championnat américain de l'Association Nationale de Basket (la N.B.A.).

Roger Federer
Ce joueur de tennis suisse est reconnu par tous ses adversaires comme le meilleur du monde.

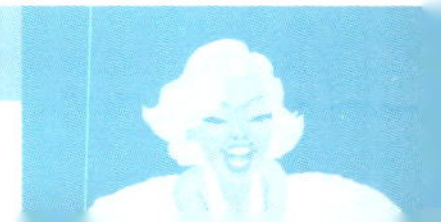

Qui sont les stars ?

Chanteurs reconnus, comédiens célèbres ou sportifs exceptionnels, les stars sont des célébrités qui apportent du rêve aux gens. Ces personnalités hors du commun sont en quelque sorte des princes et des princesses des temps modernes.

201

Qui peut devenir une star ?

➽ Il ne suffit pas de le vouloir, ni de s'inscrire dans une Academy pour y arriver ! Devenir une star, ce n'est pas donné à tout le monde : il faut avoir beaucoup de talent, faire les bonnes rencontres professionnelles au bon moment, et beaucoup, beaucoup travailler.

202

Comment sait-on que quelqu'un est une star ?

➽ On reconnaît une star à sa réussite professionnelle, à son succès qui dure. Une célébrité qui met des lunettes de soleil dans la rue, qu'on voit en photo dans les journaux ou qui roule dans une voiture aux vitres teintées, ce n'est pas forcément une star.

Pourquoi c'est génial d'être une star ?

➔ Les stars ont de l'argent, elles ont de belles maisons et elles partent en vacances au bout du monde… Mais la célébrité a ses revers : ne pas pouvoir sortir sans gardes du corps et avoir toujours des photographes à ses trousses, ce n'est pas forcément agréable !

203

Portraits

Zidane
Ce footballeur d'exception est aussi un homme de cœur qui se sert de sa célébrité pour aider des associations d'enfants malades. Et si c'était ça être une véritable star ?

Marilyn Monroe
Elle était très belle, il paraît que même le Président des États-Unis était amoureux d'elle. C'était une grande star de cinéma, et pourtant sa vie n'a pas toujours été très heureuse.

Le sais-tu ?
Star en anglais signifie « étoile ». C'est donc en l'honneur des stars américaines que plus de deux mille grandes étoiles sont incrustées dans le trottoir de la Promenade de la Gloire, à Hollywood, le quartier des studios de cinéma de Los Angeles, aux États-Unis.

Qui sont les écologistes ?

Le combat des écologistes, c'est de tout faire pour que notre planète soit vivable longtemps ! En militant dans des associations ou dans des partis politiques, ils cherchent à nous faire prendre conscience de l'urgence qu'il y a à protéger notre environnement.

204 Comment savent-ils que la Terre est en danger ?

➽ En étudiant les relations entre les êtres humains et leur environnement, les écologistes ont constaté des changements inquiétants : la pollution augmente, l'atmosphère se réchauffe, la glace des pôles fond… Il faut faire quelque chose, c'est très important !

205 Ça veut dire quoi être écolo ?

➽ Écolo, c'est le diminutif d'écologiste. Quelqu'un d'écolo est quelqu'un qui se préoccupe de son environnement, par exemple en achetant des produits bio fabriqués ou cultivés sans produits chimiques, donc meilleurs pour la santé et pas du tout polluants !

206

Qu'est-ce qu'ils font pour protéger la Terre ?

➽ Ils poussent les gouvernements à prendre des mesures, ils sensibilisent les gens pour qu'ils aient de bons réflexes et apprennent à protéger l'environnement : éteindre la lumière en quittant une pièce, fermer l'eau du robinet quand on se lave les dents, trier ses déchets…

Qui sont les écologistes ?

207 

Pourquoi faut-il économiser l'eau ?

➳ Il y a beaucoup d'eau sur terre, mais très peu de cette eau est potable ! L'eau de mer salée est imbuvable, l'eau douce des pôles est gelée, et l'eau des rivières est souvent polluée. En plus, la sécheresse gagne du terrain…

208 

Et les poubelles, pourquoi les trier ?

➳ Recycler ce qui est recyclable, c'est économiser de l'énergie et diminuer la quantité de déchets à éliminer : avec des bouteilles d'eau en plastique recyclé, on fabrique des tuyaux d'arrosage ou des boîtes à œufs ; avec du verre recyclé, on refabrique du verre…

Portraits

Nicolas Hulot
Il se bat depuis toujours pour la protection de notre planète, en montrant sa beauté et sa diversité à la télévision, puis en créant la Fondation pour la Nature et l'Homme.

Diane Fossey
Cette zoologiste américaine a vécu vingt-deux ans avec les gorilles des montagnes du Rwanda et du Congo, en Afrique, pour les observer et retarder leur extinction.

Jane Goodall
Depuis son arrivée en Afrique en 1960 à l'âge de 26 ans, cette Anglaise a consacré toute sa vie à la protection des singes africains, comme les chimpanzés.

Sir Peter Blake
Ce marin aventurier était très impliqué dans la protection de l'environnement.
Il a été assassiné par des pirates au Brésil.

Le sais-tu ?
Sur terre, un habitant sur cinq vit sans eau potable, un habitant sur quatre vit sans électricité, et la même proportion souffre de la misère. Il est temps de mieux gérer l'équilibre de la planète, il est urgent de mieux répartir les richesses entre les hommes.

Qui sont les espions et les agents secrets?

L'espion, comme l'agent secret, travaille au service du gouvernement ou d'une entreprise. Sa mission ? Fournir des informations top secrètes et mener à bien des actions spécifiques pour assurer la protection et la sécurité de tous.

209 À quoi ça sert d'espionner?

➸ Si l'espionnage est important en temps de paix, il est indispensable en temps de guerre : les officiers du Renseignement militaire essaient de savoir si un pays voisin se prépare à la guerre ; les services secrets de l'État surveillent les terroristes…

210 Comment espionne-t-on?

➸ L'espion travaille souvent avec un réseau d'informateurs, des gens capables de l'aider à atteindre son but. Il peut intercepter des messages téléphoniques ou informatiques, il utilise des messages codés et des appareils miniaturisés qui prennent des microfilms…

À quoi reconnaît-on un espion ? 211

➽ À rien ! Un bon espion doit remplir sa mission ni vu ni connu. Ce n'est donc pas difficile pour un espion payé par une entreprise industrielle malveillante d'aller voler des secrets de fabrication ou des plans chez un concurrent. Bien sûr, cet espionnage-là est illégal !

Comment devient-on espion ? 212

➽ On peut espionner quelqu'un par le trou de la serrure sans être un espion ! L'espion, le vrai, a suivi une formation spécifique. Il a appris comment « s'infiltrer » avec intelligence et discrétion dans le milieu qu'il est chargé d'espionner.

Est-ce que c'est dangereux ? 213

➽ Oui, très. Un espion n'a pas intérêt à se faire prendre. Surtout si c'est un espion militaire et que le pays est en guerre : il risque alors d'être torturé jusqu'à ce qu'il donne le nom de tous les gens pour qui, ou avec qui, il travaille. Puis il sera sans doute exécuté.

INDEX